COPÉRNICO

MANUEL YÁÑEZ SOLANA

Colección
Grandes Biografías

© EDIMAT LIBROS, S.A.
C/ Primavera, 35 Pol. Ind. El Malvar
Arganda del Rey - 28500 (Madrid) España
www.edimat.es

Título: *Copérnico*
Autor: *Manuel Yáñez Solana*
Diseño de cubierta: *Juan Manuel Domínguez*

ISBN: 84-8403-852-1
Depósito legal: M-29684-2003

Imprime: *LAVEL Industria Gráfica*

IMPRESO EN ESPAÑA - PRINTED IN SPAIN

INTRODUCCIÓN

Al principio todo era misterio

En el principio de los tiempos, cuando el ser humano miraba al cielo se estremecía. Para él todo era misterio, mucho más el origen de la vida, el Sol, y la causa de tantos daños. Las lluvias torrenciales, el trueno que parecía resquebrajar las montañas, el rayo exterminador, el pedrisco y la nieve, castigos impredecibles. Acaso, en esas noches tranquilas de verano, después de una buena caza y un mejor alimento, mirase al firmamento estrellado y quisiera encontrar explicación a qué se debía el hecho de que tanta mansedumbre pudiese degenerar en la causa de tantos daños.

Los babilonios abrieron el camino

La primera civilización que intentó explicar el significado de lo que sucedía en el cielo fue la babilónica. En el siglo XXVII a.C., en la ciudad de Nínive, el rey Sargón tuvo en sus manos un tratado de astrología. Y en el siglo XX, el rey Hammurabi consiguió que sus sabios ajustaran con la mayor precisión el calendario lunar para que fuese compatible con las estaciones del año.

Sorprendentemente, aquellos hombres de mente despierta dividieron el año en doce meses, cada uno de los cuales se componía de veintinueve o treinta días, ya que era el tiempo comprendido entre dos lunas nuevas consecutivas. De esta manera obtenían 354 días, pero corregían la falta de los once días con diferentes modificaciones en algunos meses.

También realizaron un mapa celeste y pusieron nombre a las estrellas más visibles: constelaciones. Además identificaron los cinco planetas que se observan a simple vista: Mercurio,

Venus, Marte, Júpiter y Saturno. Por este motivo, la torre de Nabucodonosor (año 604 a.C.) se hallaba dividida en siete cuerpos, cinco para cada planeta, y dos para la Luna y el Sol. Su sabiduría llegó a ser tan extraordinaria que descubrieron las "retrogradaciones" y la eclíptica que recorre el Sol en el cielo durante un año. Realmente, se equivocaron, pues era la Tierra la que se desplazaba. Sin embargo, como diría Copérnico: *Los antiguos nunca pueden ser criticados por sus errores, ya que abrieron el sendero y, a la vez, nos proporcionaron los medios para encontrar la verdad.*

Los griegos sentaron las bases de la astronomía

Los inicios de la astronomía griega podemos localizarlos en el siglo VI a.C. Sus padres fueron Tales de Mileto y Anaximandro. Estaban al tanto de todos los conocimientos de los países cercanos en cuestiones celestes, y ellos aportaron la especulación científica al pretender construir un modelo teórico del universo. El segundo estaba creído que la Tierra era cilíndrica y se hallaba en el centro de un universo esférico. Singularmente, los dos grandes pensadores se sirvieron únicamente de la mente, sin utilizar la observación y la experimentación. Esta especie de pereza o de "elitismo", al considerar tales prácticas como mecánicas o propias de seres inferiores, lo mismo que detuvo el avance de la astronomía lo hizo con todas las ciencias. Hasta el Renacimiento italiano no se libraría el ser humano de tanto lastre.

El genial Pitágoras

El griego Pitágoras observó el cielo partiendo de las matemáticas, a las que concedía un valor divino. Se hallaba convencido de que la imperfección de los hombres se debía al mundo de los sentidos. Pecado que sólo podía ser corregido con un entrenamiento de la mente. Por este motivo creó una sociedad científica, copiada de los sacerdotes egipcios, con los que compartió experiencias durante muchísimos años, siendo uno de más de ellos, en la que todos sus miembros eran iniciados.

Entre los pitagóricos más famosos se encuentran Platón y Filolao. Éste también creía que el Universo es esférico, en cuyo centro se encontraba un fuego permanente e invisible, alrededor del cual giraban en unas esferas concéntricas el Sol, compuesto por una esfera de vidrio que cogía las radiaciones de aquel fuego, la Tierra, la Luna, los cinco planetas conocidos, las estrellas, así como un astro desconocido, al que llamaba Antitierra.

Anaxágoras y la escuela atomista

Anaxágoras fue el primero en afirmar que todos los astros celestes habían sido formados por una masa caótica. Añadió que el Sol era un cuerpo incandescente, lo que le permitía emitir luz propia; mientras que la Luna debía ser considerada un cuerpo frío, opaco, y si podíamos verla se debía al reflejo de la luz solar. Uno de sus mayores aciertos hemos de localizarlo en que describió la superficie lunar llena de valles y montañas. Además explicó los eclipses y se murió convencido de que existían otros mundos habitados, además de la Tierra.

Como todos los pitagóricos, Anaxágoras no le concedía a nuestro planeta un lugar predominante en el Universo y despreciaba a quienes concedían un valor "divino" a todo lo celeste. Estas ideas estuvieron a punto de llevarle al patíbulo, pues fue condenado por los filósofos atenienses; sin embargo, Pericles le ayudó a escapar. El resto de su existencia ya lo viviría en el exilio.

Platón idealizó la astronomía

Platón es el máximo representante del pensamiento humano. Adoraba las ideas nacidas de la reflexión mental. Para él los astros se hallaban encerrados en unas esferas, con uniformes movimientos de rotación alrededor de un solo centro: la Tierra. Su sistema se hallaba compuesto por 27 esferas: una para todas las estrellas, cuatro para cada planeta y tres para el Sol y la Luna.

En en el siglo IV a.C. simplificó las cosas Heráclides, al exponer que Mercurio y Venus giran alrededor del Sol mientras la esfera de las estrellas se mantiene inmóvil, para que fuese la Tierra la que girase en un periodo de veinticuatro horas alrededor del eje norte-sur. No obstante, nadie le hizo caso, porque estas ideas se consideraron excesivamente revolucionarias. Platón había llevado a los pitagóricos a la idealización de la astronomía, para convertirla más en un ritual nacido de la mente humana que en una realidad originada por los sentidos. Y por este camino uno de sus seguidores se aproximó a la verdad, y fue despreciado.

Aristóteles el "eterno"

El griego Aristóteles se fijó en diferentes elementos de su entorno, como el árbol, para construir muchas de sus teorías. Algunas se considerarían válidas, las "eternas", durante casi dos mil años, hasta que Copérnico, Galileo y otros científicos las fueron desmontando. No obstante, todos estos innovadores, amigos de la observación de la Naturaleza y del Cielo y, sobre todo, de la experimentación, no dejaron de respetar al gran maestro. Cierto que se había equivocado, más bien por culpa de la falta de medios. Pretender ahora exponer las ideas aristotélicas resultaría muy largo e inútil. Sólo contaremos una anécdota: En el siglo XIV todavía los dibujantes religiosos, los amanuenses, para copiar una rosa se fijaban en otra tomada de un incunable griego, en lugar de asomarse por el ventanal y buscar una real, auténtica, en el jardín. Esto sucedía a todos los niveles, por esa tendencia a no actuar de acuerdo con el presente. Se consideraba más intelectual mirar hacia atrás, girar alrededor de ideas viejas, dado que provenían de hombres tenidos por muy sabios. Pero, ¿acaso no poseían el mismo mérito los científicos de aquel tiempo?

Aristarco, el predecesor de Copérnico

Alejandro Magno gustaba de rodearse de grandes sabios. En el año 323 a.C. uno de sus generales se llamaba Tolomeo. Éste había bebido de la ciencia de Aristóteles, que era preceptor del gran conquistador, y el responsable del Liceo de ciencias naturales. Algunos historiadores lo consideran la primera universidad del mundo, dado que contaba con la mayor biblioteca que se había conocido en toda la Historia, aulas de estudios, laboratorios para la investigación, observatorios astronómicos, jardines botánicos y un zoológico.

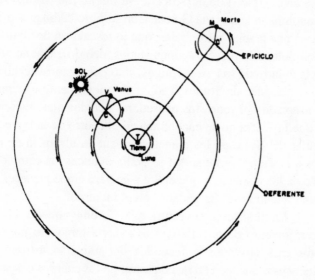

Sistema de Tolomeo.

Con todos estos medios no puede extrañarnos que surgiera un hombre como Aristarco de Samos. Al parecer había nacido en el año 310 a. C. En su obra "Sobre los tamaños y distancias del Sol y la Luna", escribió unas teorías que se aproximan hasta rozarlas a las de Copérnico. Por ejemplo, afirmó que la Tierra no está quieta, ya que efectúa dos movimientos: uno alrededor del Sol, al igual que los demás planetas, y otro sobre su eje norte-sur. Como era un hombre muy despierto, en seguida comprendió que sus ideas iban en contra de las expuestas por Platón y Aristóteles, a la vez que "contradecían a los dioses y ofendían a sus maestros". Tengamos en cuenta estas acusaciones, porque le serían formuladas a Copérnico nada más publicar su gran obra. El griego supo rectificar a tiempo; pero dejó escritas las bases del heliocentrismo.

Claudio Tolomeo, "el Alejandrino"

Claudio Tolomeo, al que se llamó "el Alejandrino", nació en el siglo II de nuestra era. Su mérito fue sistematizar la astronomía de la antigua Grecia. Con su libro "Almagesto", que conocemos gracias a los árabes que lo rescataron de algunas de las bibliotecas o palacios conquistados, debido a que no arrasaban la cultura de sus ex enemigos, sino que la aprovechaban.

La idea de Tolomeo sobre el "movimiento excéntrico" fue aceptada por todos los pensadores occidentales. Esto suponía que la Tierra no se encontraba en el centro de la trayectoria circular del Sol o de los planetas, ya que la distancia de todos éstos a la Tierra variaba. Así se podía explicar los cambios del brillo de los planetas, y que el Sol pareciera empequeñecer en el verano mientras se "agrandaba" en el invierno.

En el sistema geocéntrico de Tolomeo quedó reflejado el pensamiento de aquella época, todavía inmadura para conceptos más atrevidos y fecundos del universo astronómico. Baste pensar que, con tal de conservar en los cuerpos celestes un movimiento circular que contrastaba con los resultados de todas las observaciones, se inventaron movimientos componentes tan complejos y teorías tan absurdas, que hicieron casi imposible toda representación práctica del mundo.

Tal vez se deba en gran parte a esta situación insostenible e ilógica el que las teorías heliocéntricas copernicanas lograran afianzarse a pesar de la oposición intransigente de los astrónomos y de la misma Iglesia. No obstante, con unos aparatos muy modestos y elementales, Tolomeo realizó sus observaciones astronómicas con tal grado de convicción que sus criterios científicos fueron seguidos, como "dogmas de fe", durante catorce siglos.

La infértil Edad Media

Como para todas las ciencias, la Edad Media representó para la astronomía la decadencia, sobre todo en Europa. Las causas principales de esto fueron varias: por una parte, los griegos habían obtenido casi todos los resultados que se desprendían de sus métodos y principios, y por ello cualquier nuevo avance precisaba de una revolución en ambos campos; por otro lado, las estructuras políticas reinantes en Occidente después de la decadencia helena no favorecieron el interés por la ciencia ni proporcionaron las condiciones necesarias para la investigación.

Los únicos que durante este periodo cultivaron la astronomía fueron los árabes. En el seno de su cultura se conservaron los conocimientos griegos, lo que posibilitó su desarrollo posterior. Sin embargo, los árabes no contribuyeron mucho en el adelanto de la astronomía. Sus descubrimientos fueron pocos y de escasa importancia en cuanto a sus posibilidades de renovación.

Su fama reside en la labor de difusión de la herencia antigua y en su gran habilidad como observadores. Las ideas astronómicas sobre la constitución del sistema planetario que tenían los astrónomos árabes estaban basadas en el sistema de Tolomeo. La teoría de los epiciclos fue la base de la compilación de las tablas planetarias. Las más completas son las de Ibn Junis (que vivió en el año 1000) y las tablas alfonsinas. Otra realización importante de los astrónomos árabes fue el descubrimiento del cambio en la oblicuidad de la eclíptica; también tuvo mucho valor astronómico la compilación de varios catálogos estelares de extraordinaria precisión. En este sentido se especula sobre la posibilidad de que los árabes tuvieron conocimiento de la existencia de una estrella variable.

El error lo descubrieron los marinos

A principios del siglo XIV, en Centroeuropa brotó el deseo de ajustar el calendario a las fiestas religiosas, pues existía la creencia de que las mediciones de los días y los meses no era correcta. Sin embargo, fue el comercio marino el que necesitó una mayor precisión en los cuadrantes y demás medios de control de la navegación. Cuando las distancias se hicieron más largas, con el descubrimiento del Nuevo Mundo, los fallos se agrandaron.

Pero nadie echó la culpa a las teorías de Tolomeo, que constituían la base de todos estos cálculos. Uno de los primeros científicos que se preocupó de modificar las tablas tolemaicas fue el alemán Peuerbach, del que hablaremos más adelante, al traducir el "Almagesto". Como la empresa le pareció muy difícil, solicitó la ayuda de Johannes Müller de Königsberg, al que se le daba el sobrenombre de "Regiomontano", el cual mejoró el trabajo, aunque lo dejó incompleto.

La solución definitiva la ofreció Copérnico

La solución del problema, contrariamente a lo que se había supuesto, llegó por la vía teórica, como resultado de un cauteloso replanteamiento de las ideas y principios básicos que fundamentaban la concepción del sistema planetario. El mérito se debe a Copérnico. ¿Cómo lo logró? ¿De qué medios se sirvió? ¿Por qué él llegó donde otros sólo se habían aproximado? Las respuestas a todas estas preguntas, y mucho más, lo ofrecemos en las páginas siguientes. Por medio de una apasionante biografía.

Detrás de toda gran idea siempre hay un hombre vivo, complejo en su formación intelectual, y que sentía como nosotros, aunque él llegara más lejos: daría el salto a la inmortalidad con un hallazgo que revolucionaría la ciencia mundial y, al mismo tiempo, le enfrentaría por su "herejía" a la Iglesia, a la que pertenecía por su condición de clérigo...

No contaremos más, ya que podría sucedernos lo que al acomodador "amable", ya sea en el cine o en el teatro, que ante una buena propina es capaz de susurrar: "El asesino es el mayordomo". Dejemos las cosas así...

CAPÍTULO I

A LA SOMBRA DEL MÁS FUERTE

El nacimiento de un "diamante humano"

Nicolás Copérnico nació a las 4 horas y 38 minutos del día 19 de febrero de 1475. Tanta precisión se la debemos al astrónomo florentino Francesco Giuntini, ya que en su obra "Speculum Astrologias", publicada en 1581, ofreció este horóscopo de quien ya era uno de los hombres más famosos del mundo:

"... Lo excelso de su inteligencia dedicada a la ciencia matemática ha sido probado en las obras que nos legó. Es un astrónomo de proporciones descomunales... Aparece en él una fabulosa avidez de conocimiento, una constancia en el trabajo, manifestada por las estrellas que tienden hacia Occidente, a la vez que Venus, en el sexto aspecto de Mercurio situada y por los rayos amigables de la Luna protectora, aumentaba sus impulsos de escribir y le otorgaba tanta sabiduría, que con calidad de primero se hallaba colocado entre los más eminentes astrónomos de nuestra época. Se distinguía además este hombre magnífico por la excelencia de su estirpe y la familiaridad del trato que mantenía con los más notables. Esto venía propiciado por los ángulos bien iluminados gracias a la total claridad que presagiaban; si hubiera conseguido vivir más, habría obtenido superiores dignidades en el futuro. Se marchó a los 70 años..."

El personaje que nos describe Giuntini puede ser visto como un hombre autoperfeccionado, que desde la más absoluta modestia, sin querer destacar en nada, consiguió escalar las cimas del conocimiento de una forma discreta. Para que fuesen otros los que descubrieran que en una de las "ciudades más perdidas del mundo" se ocultaba un "diamante humano" de un valor incalculable. Alguien capaz de iniciar la mayor revolución científica que ha conocido la Historia.

Volvamos con el recién nacido. Aquella madrugada nevaba en la ciudad polaca de Torun. El fuego de los hogares no se había apagado en todo el día; sin embargo, en aquella casa burguesa el calor era provocado más por la ansiedad. El embarazo había presentado complicaciones, y allí se encontraba el médico pidiendo mucha agua limpia y paños blancos.

Horas después, al escucharse ese llanto tan característico, revelador de que el niño había nacido sano, los servidores se miraron con un gesto de alivio. Porque estaban seguros de que su señora también se hallaba a salvo, pues éste iba a ser su cuarto hijo.

La ciudad de Torun

La ciudad natal de Nicolás Copérnico era famosa en Europa porque comerciaba con casi todos los países, gracias a su puerto fluvial. Se hallaba situada a unos 200 kilómetros del mar Báltico, al que estaba unida por el caudaloso río Vístula, que era navegable desde que en Polonia se fabricó la primera embarcación.

Los marineros toruñeses presumían de que sus antepasados venían efectuando transacciones con otros países desde el siglo II de nuestra era. Los principales materiales que allí se cargaban era el cobre de Hungría, el trigo venido de Rusia y de Polonia, los productos madereros de esta misma nación, los arenques de Inglaterra y los tejidos de Flandes.

Torun formaba parte de la gran Hansa, que era una asociación creada en la Europa septentrional, a la que también pertenecían Gdansk, Elblag y Cracovia. Sin embargo, no dejaba de pesar sobre esta ciudad "fluvial" la amenaza permanente de la Orden Teutónica.

14

La temible Orden Teutónica

La Orden Teutónica era una transformación de la antigua hermandad creada durante las Cruzadas, a la que se dio el nombre de "Orden del Hospital de la Santa Virgen María de la Casa Alemana de Jerusalén". Su misión había sido la de defender a los peregrinos alemanes que llegaban a Tierra Santa, también brindarles hospitales en caso de que cayeran enfermos o facilitarles el regreso a su país, dado que, a pesar de todas las precauciones adoptadas, podían ser asaltados por las bandas musulmanas o por grupos de proscritos europeos.

Es curioso que a estos guerreros medievales por el hecho de llevar unas capas blancas con una cruz negra se les diera, además, el nombre de "Cruzados de Polonia". Eran mandados por un Gran Maestre. Puede decirse que todos ellos olvidaron, en parte, su actitud altruista en el momento de ser reclamados, en 1211, por Andrés II, rey de Hungría, para que le defendieran del ataque de los cumanos.

Guerreros acostumbrados a batallar contra los árabes, que por aquellos tiempos eran los más hábiles y astutos enemigos, al encontrarse en el centro de Europa actuaron con una gran eficacia. Tanta que decidieron quedarse donde se encontraban; pero fueron expulsados después de unas contiendas sangrientas.

Con su regreso a Oriente Medio, habían aprendido la lección, debido a que hicieron gala de una gran generosidad. Esto sirvió para que el rey Conrado de Masovia les pidiera ayuda, con el fin de cristianizar a las tribus paganas establecidas entre los ríos Vístula y Niemen inferior, cerca del Báltico. Lógicamente, antes de enseñarles la fe necesariamente debían ser reducidos con la espada, pues se mostraban excesivamente violentos.

Con el respaldo del Papa y los reyes

Los caballeros teutónicos ya eran muy poderosos. Para que no les volviera a suceder lo mismo que en Hungría, se ganaron el respaldo del Papa y de los principales reyes europeos.

Eran cruzados que defendían la "única fe" ante los ejércitos enemigos. Cuando llegaron a Polonia, pasaron a cuchillo a unas gentes acostumbradas al pillaje, pero que desconocían las tácticas bélicas.

Una vez sometieron las tierras infieles, fundaron un estado soberano allí mismo. Y como eran capaces de cometer las mayores felonías para alcanzar sus propósitos, llegaron a falsificar unos documentos en los que el difunto príncipe de Masovia renunciaba a todos sus derechos en beneficio de los teutones.

En sus afanes expansionistas éstos se fueron apoderando de otras tierras. Hasta que en 1233 construyeron un castillo fortificado en Torun, cuya base se apoyaba en el Vístula y sus vértices principales llegaban al corazón de la ciudad. Años después levantaron unas sólidas murallas en el mismo lugar, para sustituir las existentes de madera. Con esto partieron los barrios antiguos y modernos.

Torun nunca se consideró teutona

La Orden Teutónica pretendía convertir Torun en un baluarte para la conquista definitiva de Polonia. No obstante, pronto comprobarían que sus "víctimas habían adquirido la astucia de sus verdugos". Los toruñeses más importantes acababan de formar una sociedad secreta con la nobleza de Chelmno, que era una ciudad vecina. Se daban el nombre de "Los lagartos" y odiaban tanto a los teutones que supieron trasmitir este sentimiento a sus hijos.

Así consiguieron enfrentarse a sus enemigos en una guerra abierta entre Polonia y la Orden. Se prolongó unos trece años. Hasta que el 19 de octubre de 1466 se firmó la paz en Torun. Esto supuso que los antiguos cruzados quedasen a merced de quienes llevaban tanto tiempo sometidos a sus caprichos.

No obstante, los teutones que seguían en la ciudad quisieron hacerse fuertes en el castillo. Pero fueron todos ellos muertos por los cañones polacos, a la vez que el castillo quedaba completamente arrasado. Sus ruinas permanecerían allí como testimonio de la gran derrota.

*Casa natal de Copérnico en Torun. En el mismo edificio se
encuentra el museo dedicado al famoso astrónomo.*

A los pocos días, los ciudadanos de Torun se pusieron al servicio del rey de Polonia, que los aceptó como sus "más leales súbditos". Mientras tanto, a la Orden Teutónica se le concedía la parte oriental de Prusia, donde estaban obligados a vivir en paz. Papel que asumirían mientras se sintieron débiles. Con el paso del tiempo, comenzarían a intrigar para recuperar lo que consideraban suyo.

Hemos concedido un gran espacio a esta cuestión porque la Orden Teutónica sería uno de los peores enemigos de Nicolás Copérnico. Especialmente cuando mayor era su prestigio como astrónomo, médico y "hombre universal". Cierto que para que esto sucediera debían transcurrir casi sesenta años. Ha llegado el momento de volver con el recién nacido.

Una familia muy importante

La familia Copérnico, o Koperniki, procedía de la aldea silesiana que les había dado apellido. Estaba situada en una zona comprendida entre Nysa y Otmuchów, la cual pertenecía al obispado polaco de Wroclaw desde el siglo XII. Con el paso de los años, algunos Copérnico comenzaron a establecerse en otros lugares. Se cuenta con documentación que prueba la existencia de uno de ellos en Cracovia, donde era encargado de los baños públicos.

También se encuentran albañiles, armeros y comerciantes. Y algún clérigo, aunque éste ya se hallaba en activo cuando nació el futuro astrónomo de fama mundial. Se llamaba Julián Watzenrode y le esperaba un gran porvenir, lo que supondría el progreso de casi todos sus sobrinos.

Los padres de Nicolás Copérnico se llamaban Nicolás y Bárbara, pertenecían a la alta burguesía y todos sus ingresos provenían del comercio fluvial y marítimo. Eran muy estimados en la corte y en los ambientes selectos de Polonia. Este país podía ser considerado el mayor de Centroeuropa, y no sólo por sus dimensiones geográficas. Universo de culturas, fiel aliado de

18

Roma por la solidez de su fe cristiana, podía enviar a sus mejores jóvenes a estudiar a las grandes universidades italianas, a pesar de que en su capital, Cracovia, se encontrara una que era equiparable a la de mayor fama.

La mañana del nacimiento

Había salido el sol cuando los tres hermanos del recién nacido subieron al primer piso de la casa para conocerle. Primero entró Andrés, que sólo tenía tres años; luego, lo hizo Bárbara, que acababa de cumplir los dos años, por lo que iba cogida de la mano de su "ama", y, por último, introdujeron a Catalina, la pequeña de catorce meses, a la que llevaba en brazos otra criada. Momento de bromas y de risas, el mejor revulsivo para las preocupaciones pasadas. También para que se escuchara un singular compromiso:

—¡Se parece a ti, Andrés! —exclamó el padre rebosando orgullo—. ¿A qué por eso te has quedado sin habla?

—Claro... ¡Yo le defenderé de todos los peligros!

El mayor de los hermanos cumpliría la palabra dada casi hasta el final de sus días. Y cuando Nicolás comenzó a andar, fue él quien le llevó al puerto de Torun. Un escenario que Herman Kesten describe de esta manera:

"Llegaban a Torun los gigantescos veleros hanseáticos que debían continuar navegando hasta Brujas, Bergen, Luebeck, Stralsund e incluso a Londres. Lo hacían formando convoyes, rodeados de una escolta de veleros armados de la Cofradía San Witalis, para protegerles contra la piratería. Del interior de Polonia y de Hungría venían los almadieros con sus balsas repletas de pez, miel, alquitrán y cera. Las embarcaciones que remontaban el río transportaban la sal y los arenques salados, paños, sedas y especias importadas de Oriente a través de Venecia o de Brujas. Los comerciantes toruñeses viajaban por el mundo entero. Pagaba en ocasiones más impuestos uno de estos hombres acaudalados que toda la nobleza de Chelmno junta..."

El futuro obispo Lucas Watzenrode

A pesar de haberles mencionado anteriormente, conviene dedicar un apartado a los Watzenrode. Sólo de esta manera podremos entender el proceso universitario de Nicolás Copérnico. La madre de éste provenía de una familia muy ramificada, en la que un gran número de sus componentes habían alcanzado altos puestos en la Iglesia, la política y la administración de Polonia. Poseían lujosas residencias en Varsovia y Chelmno, lo mismo que propiedades agrícolas y ganaderas, además de una flota de barcos.

Procedían de Silesia, región de Swidnica, y llevaban establecidos en Torun desde 1360. En la ciudad tenían fama de ser los más acaudalados e influyentes miembros del patriciado urbano. Esto había permitido que Lucas Watzenrode fuese concejal en 1440 representando al barrio antiguo y que cinco años más tarde pasara a ser "concejal mayor". No obstante, a pesar de la importancia de estos cargos, hemos de tener muy en cuenta su condición de canónigo. Un cargo religioso que le permitiría acceder, años más tarde, al obispado de Warmia. Y a partir de este momento podría actuar como un verdadero soberano.

En aquellos tiempos las familias formaban unos núcleos "cerrados", donde todos se ayudaban más por necesidad de supervivencia que por obligación, y se respetaba el "patriarcado" con una fidelidad medieval. Esto significaba que una sola persona, que no debía ser necesariamente el más anciano, tomaba las resoluciones trascendentes y, sobre todo, se cuidaba de que ninguno de sus miembros sufriera penurias económicas. Diremos más: lo que le preocupaba es que todos se enriquecieran. Por último, añadiremos que el "patriarca" era Nicolás Copérnico, al haber asumido esta obligación por estar casado con Bárbara Watzenrode.

20

Los primeros pasos de un "segundón"

Copérnico no fue un niño mimado, ni se le concedió un trato especial por su condición de "benjamín" de la familia. En aquella enorme casa, situada en el número 17 de la calle Santa Ana, se impartía una educación práctica, en la que nunca faltaban los mayores cuidados; pero jamás se excedían con los caprichos.

El pequeño Nicolás siempre contó con la protección de su hermano Andrés.

Por otra parte, el más joven de los hermanos ofreció pocas complicaciones en su desarrollo físico y mental. Una vez que comenzó a andar, se pudo observar que había aceptado el mando de su hermano Andrés, al que seguía en todo momento. A su lado se adentró por las ruinas de los castillos de la Orden Teutónica, donde escuchó la historia de esos poderosos caballeros-guerreros, a los que perdió el poder inmenso que llegaron a detentar. Y cómo les fue arrebatado por la reacción de un pueblo que se negó a seguir siendo tiranizado.

Recuerdos que alimentaban juegos imaginarios con espadas de madera, saltos junto a las paredes semiderruidas y gritos de ánimos. Como se puede comprender, en muchas ocasiones se encontraban allí otros chiquillos, con los que compartían las diversiones o, en el peor de los casos, se veían forzados a pelear. Andrés siempre procuraba que Nicolás, su hermanito, se librara de los golpes, a pesar de que a él este doble esfuerzo, al defender también su propio cuerpo, le forzaba a recibir un mayor castigo. Cierto que nunca fue superior a un ojo amoratado, un labio partido, varios rasguños y las ropas destrozadas.

Semejante comportamiento nos permite entender muy bien la razón por la que Copérnico aceptaba el papel de "segundón". Se divertía al lado de su hermano, contaba con el mejor protector y nunca dejaba de visitar lugares diferentes.

Uno de los escenarios que más frecuentaban era el puerto de Vístula, donde atracaban o partían las embarcaciones con cargamentos muy exóticos. Aunque el mayor atractivo se hallaba en los tripulantes y en los pasajeros. Todos ellos representaban la heterogeneidad propia de un lugar lleno de promesas. Seguro que el más pequeño se quedaba contemplando la partida de algún barco, sin poder explicarse cómo se iba empequeñeciendo a medida que se alejaba hasta perderse totalmente de vista en el horizonte. Andrés intentaba justificar este fenómeno a su manera:

—Nosotros seguimos en el mismo lugar mientras esa nave se mueve. Es la distancia lo que la empequeñece.

—¿Empequeñece? ¿Es que se hace más chiquita?

—No, no, tonto. Vaya, ¿cómo te lo explicaría yo para que lo entiendas a la primera?

La discusión terminaba en este punto, debido a que el mayor, un crío de siete años, no poseía los conocimientos suficientes para ser más explícito ante su hermano de tres.

El escudo de los Copérnico

Copérnico acababa de cumplir los siete años cuando sus paisajes fueron alterados. Pasó a vivir en la mejor zona de Torun, allí donde residían las familias más poderosas. Nos estamos refiriendo a la Plaza Mayor de la Ciudad Antigua. La gran mansión era llamada "casa de cristal" o "esmaltada", debido a los azulejos que adornaban su fachada. Un lugar muy bello, digno de un hombre importante. El profesor Karol Górski describe de esta manera lo ocurrido:

"Desde el año 1465, Nicolás Copérnico ya era concejal del Ayuntamiento. No le fue posible ingresar en el consejo municipal, debido a que en el mismo figuraba su cuñado von Allen y las ordenanzas prohibían la presencia simultánea de dos parientes en el consejo. Como jurado, pertenecía Nicolás al patriciado de la ciudad, y tuvo necesidad de elegir su propio escudo. Se componía éste de un modesto signo llamado "gmerk" (símbolo parecido al de la nobleza), compuesto por una especie de cruz o la letra *"t"* unida a la *"b"*. Por eso debió buscar una vivienda más apropiada a su alto rango."

Toda una distinción para quien residía frente al palacio del Ayuntamiento. Allí también se encontraba la Corte de Artús, donde tenía su punto de reunión la cofradía de San Jorge, a la que pertenecían todos los hombres más poderosos de la ciudad. No obstante, para un niño el mayor atractivo se hallaba en que había pasado a vivir donde se celebraban los mayores acontecimientos. Lo mismo podían ser los espectáculos más divertidos, como los protagonizados por una compañía de bufones, o los más dramáticos: la ejecución de los condenados a muerte por haberse rebelado contra el poder establecido. Además, se exhibía en la picota a los estafadores con el vergonzante collar de hierro y madera.

Nunca faltaba el público bullicioso, lleno de colorido y ocurrente. Toda una diversión para un niño que ya era un observador nato. Pocas cosas se le olvidaban, aunque nunca exigía que se le proporcionara la respuesta que necesitaba. Se estaba conformando con lo que se le daba.

Cierto que su espíritu se animaba al escuchar el canto de los ruiseñores, pues la ciudad se encontraba poblada de estas aves. Y como nada le faltaba, su evolución mental iba evolucionando normalmente. Si se apreciaba alguna novedad en su conducta era las pocas veces que salía con su padre. Por lo general, iban a visitar los veinticinco viñedos que éste tenía en la aldea de Kaszczorek. En el mismo lugar se habían edificado unas casitas-cenadores, en las que la familia pasaba los días soleados.

¿Eran injustos los jueces?

Aquel niño de seis años, continuamente supeditado a su hermano Andrés y a su padre, contaba con su propia experiencia individual. La primera parte de la misma sucedió en las ruinas del antiguo castillo de la Orden Teutónica. Una mañana que estaba jugando con varios amigos, alguien encontró unas espadas herrumbrosas entre los escombros de la derruida muralla del ala sur. Todos corrieron a comprobar el hallazgo. Pero se debía escalar por entre los escombros, un esfuerzo imposible para Nicolás.

Por eso debió esperar a su hermano. Sólo unos minutos. Lo que nadie tuvo en cuenta es que el más joven, por tanto el de menor estatura y fuerza, llevaba colgado de su cuello un crucifijo de oro con un minúsculo diamante. Todo un reclamo cuando le daba el sol.

Tan apetecible que unos golfillos pretendieron robárselo. Y lo hubieran conseguido, a pesar de lo mucho que peleó Nicolás por impedirlo, de no haber intervenido Stanislaw Gertner. Este joven de dieciocho años ahuyentó con sus puños y sus pies a los fallidos asaltantes y, después, se quedó a la espera de que regresaran Andrés y sus amigos.

Pero escapó de allí antes de que se produjera el contacto, como si se negara a escuchar las palabras de agradecimiento. Nicolás volvió a encontrarse con Stanislaw en otros lugares, como en el mercado o en la plaza mayor cuando más gente se había arremolinado para asistir a cualquier espectáculo. Intentó hablar con él, y siempre fue a comprobar que era rehuido. Un sorprendente comportamiento.

Que adquirió las dimensiones de incomprensible, el día que el mismo Stanislaw fue llevado al patíbulo para ser ahorcado. Se le acusaba de "ladrón contumaz, que no respetaba ni el interior de las iglesias". Nicolás fue incapaz de comprenderlo. Para él los jueces eran injustos, debido a que consideraba imposible que su "heroico protector" pudiera ser un delincuente tan peligroso.

Conocemos esta trágica anécdota porque Copérnico se la contó al juez de Frombork, muchos años más tarde, un día que estuvo a punto de equivocar una receta medida. Necesitó este tipo desahogo. Pero no creemos que se la confiara ni siquiera a su hermano Andrés. De niño resultaba demasiado reservado.

Las ventajas que ofrecía Torun

La ciudad de Torun ofrecía ventajas que se desconocían en muchas otras de Europa occidental. La mayoría de sus calles estaban empedradas; pero se habían pavimentado colocando unos canales de madera en los laterales, con el fin de que el agua de la lluvia los convirtiera en arroyos. Ante las casas se construían unas elevadas y anchas plataformas, que podíamos considerar anteumbrales, en los que se depositaban las mercancías, se comerciaba o las gentes se detenían a hablar.

Por aquellos tiempos ya eran más los edificios de ladrillo que los de madera. El rojo predominaba en las fachadas, la mayoría policromadas y adornadas con azulejos y bajorrelieves. Las más importantes dejaban ver el escudo familiar de sus propietarios. Infinidad de ventanas lucían unas tallas artísticas que causaban el asombro de los visitantes.

No obstante, lo mejor hemos de verlo en el alcantarillado, debido a que esta medida tan higiénica no la conocían grandes urbes de Italia, Francia y España. También muchas viviendas contaban con agua corriente. Y no tardaría en instalarse allí la segunda imprenta de Polonia, lo que deja muy claro que Torun tenía pocas cosas que envidiar a Varsovia. El mejor ambiente para un cerebro en formación, al que comenzaba a entusiasmarle la variedad "dentro de un orden".

CAPÍTULO II

UN NUEVO PADRE

La muerte del padre

En 1483, falleció Nicolás Copérnico por efectos de una enfermedad incurable. El suceso causó el duelo de toda le ciudad, ya que se impusieron dos días de luto. El cadáver de tan importante patricio fue enterrado en la iglesia de San Juan de Torun, donde hoy se conserva la lápida y un retrato de aquél.

La viuda quedó en una situación desahogada, a pesar de lo cual nunca hubiese podido pagar los estudios de sus hijos de no haber contado con la ayuda inestimable de su hermano Lucas Watzenrode, que sería nombrado obispo de Warmia seis años más tarde.

La vida del más pequeño de los hermanos acusó algunos cambios, debido a que se redujo el servicio de la casa y dejaron de verse en la mesa algunos ricos postres, a la vez que la carne cedía su predominio a la verdura y a las frutas del tiempo. A la larga este cambio resultaría muy beneficioso para todos, al ser la alimentación casi vegetariana.

A mediados de 1485, llegó a Torun el rey Casimiro Jogello. Y su recibimiento se convirtió en todo un espectáculo para la curiosidad de Copérnico. Desde los ventanales de su casa pudo ver a los clérigos vestidos con sus solemnes indumentarias llevando cirios encendidos. En cabeza de éstos se hallaba el obispo Stefan. Un silencio expectante se materializó en el momento que el monarca besó la cruz que se le ofrecía.

Acto seguido, fue saludando al burgomaestre de la ciudad, al consejo municipal y a todos los personajes más importantes. Pero fue cuando el séquito se puso en movimiento el instante en que Copérnico sintió que formaba parte de aquella ceremonia, y no porque hubiese querido ocupar el lugar que le debía haber correspondido a su padre. Lo suyo nació de la necesidad de formar parte del séquito. Deseaba convertirse en uno de esos clérigos.

Su primera escuela

La primera escuela de Copérnico fue la parroquial, que se encontraba en la calle Zeglarsh. Para llegar a ésta debía pasar delante del Ayuntamiento, ante cuya fachada había un pozo artesiano que brindaba un agua deliciosa. Excelente alivio para quien había venido corriendo o se acababa de exceder comiendo un trozo de la exquisita torta de maíz con miel y huevo duro que preparaba el ama.

Sabemos que tardó en darse cuenta de que en su recorrido debía pasar ante unas tiendas, en las que se vendían hierbas medicinales y esas otras para el "mal de amores" o para "seducir a la mujer más testaruda". Mucho se acordaría, años después, cuando se convirtiera en un médico partidario de los productos naturales, libres de todo artificio "mágico".

A lo largo de los primeros años tuvo la suerte de ir acompañado de su hermano Andrés, el mejor consejero. Bien es cierto que los profesores eran universitarios, excelentes pedagogos y, por tanto, muy pacientes con los niños más torpes. Copérnico nunca estuvo entre los mejores alumnos, pero sí formó parte de los más tenaces y aplicados. Le gustaba estudiar.

En aquellas aulas se impartían las asignaturas tradicionales, una vez los niños aprendían a leer y a escribir. Pero se prestaba una mayor atención al latín humanístico, que era "la lengua oficial de la Europa cristiana", y a la astronomía. Bueno, ésta era más bien astrología, debido a que el cielo se observaba teniendo en cuenta el Zodiaco, a pasar de que ya se utilizaba el cuadrante, el astrolabio y otros medios de cálculo matemático.

Copérnico fue un estudiante medio. Jamás quiso destacar de los demás.

Uno de los directores de la escuela era Tomas Watzenrode, hermano del futuro obispo, doctor en Derecho y gran aficionado a los astros. El rector se llamaba Jan de Grudziadz, un maestro en ciencias laicas y bachiller en la universidad de Cracovia. Al lado de tan sabios docentes es posible que Copérnico alimentase su vocación de astrónomo.

Después de finalizar la enseñanza primaria, quizá también pasara, con su hermano, por la escuela de Chelmno, que dirigían los Hermanos de la Vida Comunitaria. Algunos historiadores han llegado a esta suposición debido a que muy cerca se encontraba el convento de las Benedictinas, donde estaban recluidas como monjas su tía Catalina y su hermana Bárbara.

Una entrevista trascendental

Nicolás había cumplido los catorce años. Desde la tarde anterior sabía que al día siguiente no iba a asistir a clase, porque esperaban la llegada de su tío Lucas. Por eso les despertaron antes, les pidieron que se lavaran a conciencia y que se pusieran las ropas de las fiestas.

Acababa de tomar el desayuno, cuando escuchó el sonido de la puerta principal al ser abierta del todo. En seguida le llegaron las voces de saludo y, especialmente, ese tono adusto de su tío, al que no parecían gustarle las lisonjas, aunque nunca las prohibiera. Pocos minutos más tarde fue llamado Andrés al antiguo salón-despacho del difunto padre. Salió de allí excesivamente pronto.

—Es tu turno, Nicolás —anunció el hermano mayor—. No sé lo que pretende el viejo, porque ya sabíamos todos que desde la muerte de papá él era el nuevo "patriarca" de la familia. Conmigo ha cruzado dos palabras, se me ha quedado mirando y, luego, me ha mandado salir. Ve preparado para cualquier cosa.

—Gracias —dijo lacónicamente el más joven

En el momento que cruzó el umbral, se dio cuenta de que aquel hombre impresionante, al que las ropas de clérigo le conferían el aire de un príncipe, le miraba fijamente. No bajó la cabeza. Nunca lo hacía, porque su timidez sólo la mostraba ante los desconocidos.

—¿Qué pretendes ser cuando te hagas mayor, Nicolás? —preguntó su tío con aire de examinador.

—Clérigo, como vos, eminencia.

Lucas se acarició la barbilla, dejó la mesa sobre la que estaba sentado y se acercó a su sobrino. Se detuvo a mirarle como haría un ganadero al que se le está ofreciendo el mejor animal y, después, comentó:

—Eres callado, servicial sin que se te pueda considerar adulador, aprendes con facilidad y nunca olvidas. Aunque esto no signifique una muestra de rencor. Sé que has sido sincero conmigo. —súbitamente, se quedó en silencio unos segundos, para terminar formulando una pregunta muy comprometida—: ¿Sabes que tengo un hijo bastardo?

—Sí, eminencia. Pero no conseguirá que le diga quién me lo contó —fue la respuesta del joven.

—No te lo iba a pedir, Nicolás... Vaya, vaya, así que también te debo considerar un valiente. ¿Sabes que si cualquiera de mis servidores se hubiera atrevido a contestarme con una afirmación tan rotunda ahora estaría recibiendo diez latigazos?

—Vos hubierais adivinado que os mentía de haber pronunciado un "no", eminencia.

—Nicolás, te estás comportando como yo esperaba. Os he estado siguiendo muy estrechamente a Andrés y a ti, porque quiero tener un "hijo mío"... ¿Me entiendes?

—Creo que sí, eminencia.

—El bastardo es un memo y tú hermano un cabeza loca; sin embargo, tú... Escuchas una lección y ya la retienes, porque eres más inteligente que tus compañeros. Lo singular de tu comportamiento es que te niegas a destacar, al preferir dar la impresión de que formas parte de los alumnos que, sin poderlos considerar unos sabios, tampoco son tontos... ¿A que podrías decirme mi horóscopo de hoy?

—Tendría que realizar algunos cálculos, eminencia. Pero se lo proporcionaría.

—¡Algo que muchos profesores de Universidad son incapaces de realizar! De acuerdo, estableceremos un pacto entre tú y yo: voy a gastarme todo el dinero que sea necesario para que tú y Andrés estudiéis, pues deseo que seáis los mejores canónigos de Polonia. Bueno, de tu hermano no espero tanto. Lo que has de prometerme es que mantendrás en secreto esta conversación.

—Lo haré, eminencia.

—Entonces ya puedes marcharte. Pero, antes, te permito que me beses en la mejilla.

Nicolás lo hizo con presteza, a la vez que le parecía estar viendo asomar una lágrima de felicidad en el ojo derecho de su tío. Un relámpago de emoción, que en seguida fue enjugado con un dedo. Para que el rostro adquiriese la severidad de siempre.

Los mejores profesores

Copérnico fue aceptado en la escuela catedralicia de Wloclawek gracias a la intervención de su tío Lucas Watzenrode. Ya sabemos que toda la familia había quedado bajo el cuidado de tan importante canónigo. Aquel centro de estudios dependía de la Universidad de Cracovia, y gozaba de justa fama en toda Centroeuropa por la calidad de su profesorado. Cada uno de ellos formaba parte del Renacimiento polaco, tan hermanado con el italiano. Esto significaba que se concedía una gran importancia a las asignaturas humanísticas y a la investigación científica.

Entre aquellos sabios destacaba Mikolaj Vodka de Kwidzyn, al que se llamaba "Abstemius" porque sólo bebía agua. Doctor en medicina y astronomía, ejerció una gran influencia en el futuro de sus alumnos, sobre todo en el de Copérnico. Una virtud que provenía de su habilidad para enseñar como si estuviera hablando a unos amigos: dejando a un lado los tecnicismos, prefería los ejemplo y la práctica. Como realizar excursiones en los días más favorables, para demostrar "sobre el terreno o en el cielo" los fundamentos de sus lecciones.

Más adelante, este profesor desempeñaría las funciones de médico-astrólogo en Poznan y Wlockawek, donde también tuvo alumnos adolescentes.

Por aquellos días Copérnico ya contaba dieciocho años y no vivía con su madre, pero sí con su hermano Andrés. Entonces los dos dependían totalmente de su tío Lucas, que estaba a punto de ser nombrado obispo. Alguien que creía totalmente en esta máxima:

Varsovia fascinó a los dos hermanos Copérnico.

"Cum ibi sint nati, nec opes, tunc artibus illos instrue, quo possint inopem defendere vitam." ("Si hijos tienes, pero no riquezas, ejercítalos en ciencias, para que puedan alejar de sí la vida de la indigencia.")

Esto es lo que conseguirían los dos jóvenes, debido más a la habilidad de sus profesores para formar amantes de las ciencias y el pensamiento que a sus propios méritos. No hay duda de que éstos fueron muchos. Pero, ¿cuántos diamantes han sido deteriorados por unos torpes tallistas?

La fabulosa Cracovia

Puede decirse, sin pecar de exageración, que "Cracovia era el sueño de todos los polacos". Ciudad inmensa, fortificada y fabulosa por sus riquezas materiales y culturales. Defendida con fosos, gruesos muros, baluartes y torreones, en su interior destacaba el castillo de Wawel, edificado en un cerro y mejor defendido que la ciudad. Hartmann Scheded describió de esta manera la capital de Polonia en su libro "Chronicon Mundi", que se publicó en 1493:

"Cracovia se halla rodeada de una doble fila de elevadas murallas con sus torreones, puertas y fortificaciones. La riega el río Rudawa encauzado en unos fosos, a la vez que mueve varios molinos. En la ciudad hay un sinfín de hermosas casas y enormes templos."

Pero esta metrópoli disponía de muchas cosas más. La conformación de sus calles recordaba un tablero de ajedrez. Su Plaza Mayor podía ser considerada la mayor de Europa, por algo cada uno de sus lados superaba los 200 m de largo y su superficie alcanzaba los 40.000 m^2. El centro de este lugar lo ocupaban los famosos "Sukiennice" (edificios gótico-renacentistas que entre los siglos XIV a XVI contenían depósitos y tiendas de telas y paños).

Un gran numero de las casas aparecían cubiertas con tejados de colores y las fachadas actuaban como el gran reclamo de los ojos por la belleza de los ornamentos formados con azulejos verdes, ocres, negros y rojos. Las viviendas de los burgueses más acaudalados disponían de un sistema de calefacción de aire caliente. Y toda la ciudad se beneficiaba de alcantarillado, agua corriente en las fuentes públicas, aceras de piedra y pavimento en las calles principales. Por algo Cracovia era considerada "la ciudad más limpia de Europa".

También la más sana. De su salud se cuidaban más de sesenta médicos y un centenar largo de naturalistas y curanderos. A estos últimos podemos verlos como los famosos "barberos" españoles de los que nos habla Cervantes en su "Quijote".

A este lugar tan fascinante llegaron los dos hermanos Copérnico, Andrés y Nicolás, en 1491. Cuando entraron en la Universidad Jagollana de Cracovia, pudieron saber que allí primaba un lema:

"Este lugar debe producir varones insignes por la madurez de sus consejos, la magnificencia de los dones humanísticos de los que deben hacer gala y por ser maestros en toda suerte de habilidades científicas."

A la Universidad de Cracovia ya se la conocía con el sobrenombre de la "perla del saber". Hartmann Schedel escribió en su crónica del mundo:

"En Cracovia hay una universidad famosa, rica en muchos varones insignes y muy sabios, en la que se cultiva toda clase de artes; retórica, poética, filosofía y física. Lo que mejor se enseña es la astronomía, y en toda Alemania, como lo sé bien por relaciones de muchas personas, no existe escuela más célebre."

35

Una mejor idea de la importancia cultural de esta institución la ofrece saber que llegó a tener en sus aulas unos 3.215 estudiantes. Allí había jóvenes de toda Centroeuropa, de Inglaterra, de Francia y de algún estado italiano. Lógicamente, predominaban los polacos.

El mundo ya carecía de límites

En el momento que los dos hermanos Copérnico ingresaron en la Universidad de Cracovia, se conoció la fabulosa noticia de que Cristóbal Colón estaba buscando un reino patrocinador de la gran empresa de llegar a las Indias "navegando con rumbo a Occidente". Si se lograra esta conquista tan fabulosa, se probaría la redondez de la Tierra y, sobre todo, quedarían derribadas miles de supersticiones sobre los límites de los océanos y la imposibilidad de descubrir nuevas tierras.

Al mismo tiempo, unos sabios humanistas que miraban más al futuro que al pasado, se dijeron que el mundo ya carecía de límites. Este convencimiento no lo adquirieron de una forma colectiva, después de arduas deliberaciones, sino que brotó en ellos de una forma instintiva, fruto de una serie de prodigiosos acontecimientos. Porque estaba a punto de producirse el salto desde la Edad Media a la Era Moderna.

Breve historia de la Universidad de Cracovia

A principios del siglo XV, Cracovia sólo disponía de una academia, en la que se impartía una asignatura. Veinte años más tarde, ya eran dos las cátedras: astronomía y matemáticas. La primera fue fundada por Marcin Król de Zurawica, amigo y colaborador personal del famoso astrónomo y matemático alemán Juan Müller, al que se le conocía con el sobrenombre de "Regiomontano". Acaso la figura más célebre en el conocimiento de los astros y del firmamento fue Wojciech de Brudzewo, por sus comentarios sobre los antiguos manuscritos de esta ciencia y, sobre todo, por haber realizado unas tablas adaptadas a la latitud geográfica de Cracovia.

Se cuenta que para escuchar las conferencias de matemáticas de Brudzwski viajó a Cracovia el poeta Conrad Picjel Celtis. Éste fundaría más tarde la primera asociación literaria de Polonia, a la que se llamó "Sodalitas Vistulana"

Esa academia terminaría convirtiéndose en Universidad hacia 1420, cuando pudo impartir todas las asignaturas más importantes. Algo propio de una capital donde vivían los monarcas Jagellones: reyes de Polonia, grandes duques de Lituania y señores de Hungría y Bohemia.

Andrés ocupó el lugar de su hermano pequeño en el cruel "examen de sacudidura".

El "examen de sacudidura"

Ahora dejemos que nuestra imaginación se pose a ras de suelo, para acercarnos a los problemas cotidianos de los dos estudiantes que tanto nos importan. Nicolás fue elegido para ser sometido al "examen de sacudidura", es decir, a sufrir una novatada. No obstante, fue Andrés el que ocupó el puesto de "víctima", para someterse a un proceso de "devastamiento".

Un grupo de estudiantes veteranos le afeitaron la cabeza; luego, le bañaron en una cuba llena de agua sucia, y, por último, le obligaron a escribir con una pluma gigantesca, que debía introducir en un tintero descomunal, cuyo tapón jamás se había podido abrir.

El mayor de los Copérnico superó todas las pruebas sin proferir ni una sola queja. Y cuando se enfrentó a la última, rompió el tintero de una patada. Así pudo escribir. "Soy un 'beanus' ('tronco') que ha sido pulido por unos nobles caballeros."

La frase gustó tanto a los "verdugos", que le aplaudieron a la vez que dedicaron unos elogios al novato por su entereza. Aunque no opinaron lo mismo al llegar el momento de completar el "examen de sacudidura", debido a que Andrés en lugar de invitarles a un banquete, como era obligado, les hizo comer unos platos de berzas y unos trozos de pan duro humedecidos con agua azucarada.

La primera reacción de los veteranos fue quejarse, hasta que uno de ellos recordó que las reglas de la novatada no definían el tipo de alimentos a servir en el banquete. Esto suponía que el "embromado" acababa de devolverles la jugada. Así los Copérnico efectuaron una entrada en la Universidad de Cracovia bastante sonada.

Las intenciones de Copérnico

Copérnico llegó a la Universidad con la intención de convertirse en un clérigo. Sin embargo, a pesar de tener asegurada su carrera, debido a las recomendaciones de su tío, estudió derecho, filosofía, astronomía y matemáticas, en lugar de dedicarse únicamente a la teología.

Era consciente de que su futuro debía ser "más universal": cubrir la mayor cantidad posible de los campos relacionados con los deberes de un eclesiástico responsable. No podía conformarse con celebrar los sacramentos, practicar la caridad y reconfortar espiritualmente a sus feligreses. Con ser esto muy importante, deseaba ofrecer mucho más: los cuidados físicos, la protección al más débil, sobre todo al analfabeto, y muchas otras cosas.

Es posible que en su actitud latiera algo de vanidad, dado que no dejaba de mirar al firmamento. Conocía a fondo la astrología, se hallaba al tanto de las teorías astronómicas, y su afición por el firmamento le empujaba a ampliar su mente sin querer detener el aprendizaje. Siempre se podía conocer algo más. Para él la existencia suponía un aula inmensa, sin límites ni fronteras. Similar al cielo que ya observaba con el cuadrante y el astrolabio.

Una vida muy monótona

La vida de los estudiantes de la Universidad de Cracovia estaba organizada de una forma casi monacal. Una campana anunciaba el inicio de las clases. Pero antes se debía asistir a misa o escuchar unas lecciones piadosas, que solían coincidir con el desayuno. En las aulas se imponían unas normas muy monótonas, que sólo los profesores rompían con sus enseñanzas.

Una forma de burlar tanto rigor era aprovechar las horas libres, debido a que muchos de los estudiantes contaban con el suficiente dinero para pagarse una vida licenciosa. En este terreno se habían cometido tantos excesos, que el rectorado debió aconsejar que nadie se cubriera con los uniformes oficiales fuera del recinto universitario.

Esto no frenaba a los que llevaban mujeres a los colegios, se excedían con la bebida o jugaban a los naipes, a los dados o a cualquier otra práctica prohibida. La guardia de la ciudad había recibido la orden de encarcelar a todo joven que saliera de noche sin llevar una antorcha encendida. No obstante, los detenidos sólo podían ser juzgados por el rector. Las penas resultaban muy severas: expulsión de la Universidad, reconocimiento de la infamia cometida, penitencias eclesiásticas y, en casos excepcionales, incluso la prisión. Ante las condenas más graves, cabía apelar al obispo de Cracovia. Sin embargo, por aquellos tiempos ya se había concedido tanta autoridad al rector, que podía llegar a excomulgar a los estudiantes que hubiesen infringido reiteradamente alguno de los sacramentos de la fe católica.

Los hermanos Copérnico jamás cometieron delito alguno durante sus años de estudiantes. Esto no ha de impedir que los veamos participando en alguna fiesta discreta. Los dos eran muy guapos, altos, fuertes y hacían gala de esa facilidad de palabra que tanto seduce a las jovencitas más frívolas.

Aventuras pasajeras para olvidar. Porque deseaban ser clérigos, no sacerdotes, y nunca lo hubieran conseguido de protagonizar algún escándalo. Realmente, disponían de las mayores ventajas para librarse de cualquier riesgo, debido a que residían en casa de Piot Wapwski, que era uno de los canónigos de Wlosclawek.

CAPÍTULO III

UNA INTENSA VIDA UNIVERSITARIA

La escuela matemático-astronómica

La Universidad de Cracovia venía gozando, desde 1466, de la justa fama de ser la más adelantada en las asignaturas correspondientes a las matemáticas aplicadas a la astronomía. Esta iniciativa partió del comerciante Jan Stobner, ya que donó una fuerte cantidad de dinero con este propósito. A partir de entonces se comenzó a enseñar la geometría de Euclides, perspectiva, música, teoría de los planetas, las tablas alfonsinas (creadas durante el reinado del español Alfonso X el Sabio), los eclipses y la composición del calendario astronómico.

La mayoría de los profesores que se cuidaban de impartir estas lecciones mantenían una fluida correspondencia con sus colegas de toda Europa. Así se hallaban al día de los avances científicos.

Los dos más famosos profesores eran Wojciech de Brudzewo, que había publicado el libro-comentario sobre las "Nuevas teorías de los planetas", del famoso astrónomo vienés Georg Peuerbach, y Jan de Glogow, el cual también era autor de otro libro-comentario, en este caso respecto a la obra "Sobre las esferas", de Juan de Sacrobosco; además, incluyó un prólogo que podía ser considerado un tratado explícito de los principios de la astronomía.

Como los discípulos de ambos maestros completaron los trabajos, no ha de extrañarnos que los cursos de astronomía y matemáticas hubiesen adquirido una gran popularidad.

Nicolás Copérnico se benefició en gran medida de la influencia de estos sabios, hasta el punto de que mereció el honor de participar en muchas de las experiencias astronómicas en los observatorios de sus maestros. Aprendió otra forma de manejar el cuadrante y el astrolabio, tomando como referencia la posición de Venus, la Luna o algún grupo de estrellas.

Y durante los cinco años siguientes, desde 1491 a 1495, en semestres invernales o estivales, siguió unos cursos extras sobre la obras siguientes: los "Elementos", de Euclides, que impartió el profesor Bartolomé de Lipnica; las "Teorías planetarias", que corrieron a cargo del profesor Szymon de Sierpe; las "Tablas de los eclipses", bajo la responsabilidad del profesor Bernard de Biskupie; "Astrología", que llevó el profesor Wojciech de Szammouthy, y "Los cuatro libros", de Tolomeo, de los que se responsabilizó el profesor anterior.

Una costumbre muy encomiable

A todos nos suele molestar solicitar libros en las distintas bibliotecas del mundo, para encontrarnos con que un misterioso lector o lectora ha escrito comentarios al margen o subrayado algunos pasajes. Este proceder, que consideramos un verdadero atentado cultural, dado que el libro "nos pertenece a todos", hemos de considerarlo elogiable cuando se realiza en un libro propiedad del que escribe. Porque revela el grado de comunicación existente entre el texto y la persona que lo está leyendo.

Singularmente, Copérnico adquirió esta costumbre en sus primeros años de estudiante universitario. Siempre con obras que había comprado, y hasta en papeles donde había copiado las lecciones del día. Nunca la abandonaría, ni siquiera cuando ya era un anciano en la canonjía de Frombork.

La singular relación que unía a los dos hermanos

Sabemos que Andrés no quiso participar en las experiencias astronómicas, lo que nos permite comprender que Nicolás ya había elegido su propio rumbo, al menos en lo relacionado con la observación del cielo. Porque en todo lo demás seguían unidos. Quizá pueda ofrecer una idea de la relación que mantenían prestando atención a este breve diálogo:

Al final Nicolás encontró la manera de que su hermano hiciese lo que él creía conveniente.

—Andrés, me parece acertado que te hayas decidido a estudiar las obras de Séneca; pero, ¿no crees que deberíamos dedicar algunas horas al pensamiento de Aristóteles? —preguntó Nicolás, con ese tono de voz propio de quien precisa disponer de un buen consejero.

—Ahora que me lo recuerdas, hermanito... ¡Sí, tienes razón! Será mejor que nos dediquemos más a Aristóteles.

La técnica del menor no era preconcebida, sino el resultado de un proceso de supeditación a su hermano mayor. Siempre que le consultaba no exigía, ni proponía soluciones, ya que buscaba más el apoyo, la recomendación y el consentimiento. Y dado que era más inteligente que Andrés, para no herirle acostumbraba a recurrir al sistema de proponer o sugerir, cuidándose de dejar un margen para ser rectificado.

¿Cuándo quiso ser astrónomo?

Dar una respuesta a esta pregunta resulta bastante complicado, ya que los historiadores no se ponen de acuerdo. La mayoría consideran que Copérnico fue sintiendo la vocación de una forma paulatina, hasta que llegó a la Universidad de Cracovia. Entonces, las lecciones magistrales de los sabios humanistas, genuinos representantes del Renacimiento polaco, le encendieron todo el entusiasmo por esta disciplina académica, a pesar de que por aquellos tiempos se aproximara más a la astrología antigua que a la astronomía actual.

Curiosamente, en aquel centro académico se empezaba a cuestionar el pensamiento aristotélico, al haber comprobado que la observación de la realidad no respondía a las afirmaciones dictadas por el sabio griego, el cual llevaba demasiados siglos "sentando cátedra" como si sus teorías fueran verdaderos axiomas.

Por aquellas fechas, la ciudad de Varsovia asistió a una serie de fenómenos astronómicos, como un eclipse de Sol y otro de Luna o la visibilidad de Venus al mediodía. Esto despertó en el ambiente universitario discusiones sobre la precesión y los métodos de cálculo existentes.

Unas ideas tan provocadoras

Una muestra de lo que significaba la astronomía para la Universidad de Cracovia hemos de verla en la fiesta que allí se organizó el 10 de octubre de 1494. Quería homenajearse la llegada de un magnífico legado, proveniente de la ciudad de Buda y que había sido enviado por Martin Bylica de Olkusz, el astrónomo de la Corte de los reyes húngaros. Consistía en un considerable número de valiosos manuscritos e instrumentos astronómicos. Aquel día se suspendieron las clases para que todos los estudiantes pudieran conocer tan espléndidos objetos.

Ya hemos apuntado las dudas existentes en la Universidad sobre las teorías astronómicas. Éstas calaron muy hondo en el ánimo de Copérnico. Las oscuras sugerencias esparcidas por diferentes profesores resultaban demasiado provocadoras. Por ejemplo, Wojciech de Brudzewo afirmaba:

"Los movimientos de todos los planetas se hallan ligados al movimiento del Sol, debido a que los planetas tienen con él una unión natural por ser el primero entre los brillantes."

Juan de Glogow en sus exposiciones astrológicas llegaba a decir:

"El Sol es el más digno de los planetas, por eso su influencia ha de ser considerada la más noble."

Y Wojciech de Brudzewo en una conferencia, pronunciada antes de abandonar por edad las cátedras de matemáticas y astronomía, se refirió a la obra "Del cielo", de Aristóteles, con estas palabras:

"Nos queda algo por afirmar sobre la Tierra: primero, ¿dónde debe encontrarse?, y segundo, ¿pertenece a las cosas que reposan o a las que se mueven? (...) Entre los filósofos que dicen que el cielo es finito, y son la mayoría, se escucha que se encuentra en el centro; a pesar de ello, existe una opinión contraria de los que residen cerca de Italia y se llaman pitagóricos. Creen éstos que en el centro del mundo hay fuego, y que la Tierra es una de las estrellas que al girar origina que de esta manera haya día y noche (...). Sin embargo, los que esto apoyan se basan no en los fenómenos sino en especulaciones. Tienen la seguridad, pues, que el lugar de honor lo merecen las cosas más nobles; por tanto, el fuego es más noble que la Tierra... Los que consideran esto suponen que no es la Tierra el centro del orbe, sino el fuego.

Los pitagóricos añaden además otro argumento: que es menester conservar con el máximo cuidado lo más noble del universo, ya que el centro del mundo es el lugar indicado para ello. Por eso allí se colocó el fuego..."

Como éstas surgían miles de ideas en aquel volcán del pensamiento, continuamente en erupción. Costumbre propia del Renacimiento polaco, donde todo se cuestionaba. Había llegado el momento de centrarse en el presente llevando, a la vez, la mirada hacia el futuro. El mejor ejemplo para la mente despierta de Copérnico: sólo necesitaba sintonizar aquellas voces, para obtener el mejor provecho de las que le convenían. Lento proceso que le llevaría muchos años. Pero hasta los árboles más gigantescos del mundo nacen de una semilla o de un plantón.

Allí no se necesitaban las vacaciones

Los hermanos Copérnico estudiaban en la Facultad de Artes Liberales, donde el curso comenzaba, por ejemplo, en octubre de 1491 y finalizaba en septiembre de 1492. No eran necesarias las vacaciones, debido a que se celebraban más de un centenar de fiestas a lo largo de todo el año universitario. Las

46

clases daban comienzo a las 15 horas (las 8 de la mañana de hoy, ya que entonces se empezaba a contar el tiempo desde la puesta del sol). Los profesores impartían las lecciones subidos en un estrado, mientras los alumnos ocupaban unos bancos corridos.

Como en aquellos tiempos la imprenta no se había extendido lo suficiente, los estudiantes estaban obligados a tomar apuntes de lo que escuchaban o a comprar unos escritos, en los que cada profesor resumía los temas. A medida que cada uno de éstos fue publicando libros, la situación cambió para bien al generar la controversia. El hecho de que unas ideas quedaran impresas, siempre daba pie a que surgieran los partidarios y los detractores, con lo que el debate intelectual ganaba muchos enteros.

En la Universidad de Cracovia todo era cuestionable. Buen terreno para la despierta mente de Copérnico.

Resulta anecdótico saber que a cualquier profesor que no completaba el temario durante el curso se le imponía una multa en metálico, que podía llegar a la pérdida total de sus honorarios en los casos más graves.

Puede decirse que no existían los exámenes y sí unos frecuentes debates en los que se valoraba la intervención de los estudiantes. Teniendo en cuenta los temas que habían planteado, las respuestas que no supieran responder y las veces que corrigieran, acertadamente, las intervenciones de sus compañeros, así recibían la calificación anual.

Los estudios de medicina

Durante los dos últimos años en la Universidad, Andrés y Nicolás estudiaron Medicina. Esta asignatura era muy distinta a la que hoy conocemos, ya que se basaba más en la teoría que en la práctica. No obstante, en el segundo curso los estudiantes completaban las clases de anatomía asistiendo al descuartizamiento de algunos condenados a muerte. Esta costumbre que hoy nos parece de lo más macabra, en aquellos tiempos se consideraba "tan normal". Si las gentes habían convertido las ejecuciones en verdaderos espectáculos públicos, dado que se celebraban en las plazas mayores o en los lugares más frecuentados de la ciudad, no ha de extrañarnos que se les diera una utilidad "académica".

Por otra parte, ya hemos podido conocer que Copérnico asistió de niño a algunas ejecuciones. Cuando vivía en la plaza mayor de Torun, por las ventanas de su casa se veían estos macabros espectáculos. Se diría que las gentes de aquellos tiempos los consideraban "normales", y no vamos a ser nosotros quienes nos atrevamos a criticar esa conducta. Era fruto de su tiempo, luego debe valorarse desde aquella perspectiva y nunca partiendo de la actual.

Por otra parte, se creía que el reo había dejado de ser un hombre digno de respeto a partir del momento de ser condenado. Y en el caso de que se pudiera demostrar el error de los jueces, algo que ante el patíbulo nadie cuestionaba, no correspondía al pueblo la solución del caso.

Cuando faltaba este tipo de ejecuciones, los estudiantes eran llevados al matadero, donde asistían al sacrificio de los cerdos. Quizá nos ofrezca una idea de la reacción de Nicolás Copérnico saber que nunca quiso aprender cirugía. Lo suyo fue la medicina general, el tratamiento de las enfermedades sirviéndose de unos remedios naturales que él mismo hubiese experimentado en su propia persona o en pacientes de confianza. Pero ésta es una cuestión que examinaremos más adelante.

Para obtener el título de bachiller se necesitaban dos años de estudios, que se elevaban a cuatro si se deseaba conseguir el grado de licenciado en Artes Liberales. Seis precisaba quien quería convertirse en médico y ocho el privilegiado que alcanzaba la categoría de agregado o de catedrático. Claro que llegados a estas cimas académicas, más que estudios lo que se precisaba era una gran recomendación política o religiosa, mejor si las dos iban unidas a un amplio currículum.

El incendio de la Universidad de Cracovia

En julio de 1492 se incendió la Universidad de Cracovia. El fuego dio comienzo en la "Brawa Szawska" ("Puerta de los Zapateros"), se extendió por los edificios que rodeaban la iglesia de Santa Ana, alcanzó la biblioteca, parte de los colegios mayores y la torre de un gran reloj que acababa de ser inaugurado. Por fortuna, pudo ser sofocado antes de que causara unos daños que impidieran seguir impartiendo las clases.

Los hermanos Copérnico participaron en la extinción, formando parte de la cadena humana que llevaba agua. A los pocos días de la tragedia, todo el cuerpo académico tomó esta decisión:

"Después de una rigurosa deliberación de los doctores y licenciados presentes de ambos Colegios, delante y con la autorización unánime de los que fueron elegidos para votar y tomar una decisión, se ha dispuesto que el edificio del Collegium Maius, que ha sido devastado por un fuego repentino, no sólo sea reconstruido totalmente en su hermosa forma por respeto y para el bien común, sino que sean asimismo reproducidos todos sus detalles, cuyos daños y destrucción fueron causados por la violencia de las llamas."

La restauración fue financiada por la Universidad y el rey Juan Alberto, sin que dejaran de impartirse todas las clases. A finales de 1494 se dieron por finalizados los trabajos, a la vez que se multiplicaban por tres los libros impresos que guardaba la biblioteca.

Los observatorios astronómicos

El profesor Karol Estreicher dejó escrito este informe sobre las actividades del Collegium Maius:

"En el siglo XV, los profesores cracovianos explicaban en sus lecciones el uso de los instrumentos astronómicos. En 1444, Jan de Olkusz copió un curso sobre la construcción y uso de los astrolabios y cuadrantes, mientras que Stanislaw de Cracovia en 1457 pudo explicar 'canones astrolabii' en el Collegium Maius. De esto se deduce que los profesores disponían del equipo científico adecuado. Sin embargo, no era demasiado completo. Sólo los legados y donaciones posteriores de Marcin Bylica, y más tarde de Miechowita, llegaron a enriquecer la colección de instrumentos."

Respecto a los observatorios astronómicos que pudiera haber en Cracovia, se ha escrito que el principal se encontraba en un cerro llamado Kopiec Krakusa. También había otro en Retyk. Pero son muchos los historiadores que discuten esta información, debido a que en esos lugares no existía un edificio en el que se pudieran guardar los pesados instrumentos de medición y cálculo. Y como resultaba demasiado laborioso cargar con ellos, se cree que se había habilitado un observatorio en el ático del Collegium Maius. Se tiene en cuenta, además, que allí impartían sus clases los más famosos profesores. Es posible que en éste diese comienzo Nicolás Copérnico el estudio del cielo con los instrumentos donados por Bylica.

La entrevista privada entre el obispo Lucas Watzenrode y su sobrino Nicolás no pudo ser más emotiva.

En el otoño de 1495, el futuro gran astrónomo dio por finalizados sus estudios en la Universidad. Creemos que llevaba casi dos años solo, pues su hermano Andrés había preferido salir mucho antes. Como le reclamaba su tío, el obispo de Warmia, debió partir hasta esta ciudad. Pero no dejó de pasar por Torun, debido a que su madre estaba enferma. La dejó completamente restablecida gracias a un tratamiento que él mismo le aplicó.

La entrevista con su tío el obispo

El obispo Lucas Watzenrode tenía su residencia en Lidzbark. Pudo recibir a su sobrino Nicolás el primer día; no obstante, le hizo esperar casi una semana. Y una noche, cuando aquél estaba a punto de irse a acostar en su habitación de la mejor posada de la ciudad, una sombra humana se le echó encima, apretándole con fuerza. Le besó en las dos mejillas y, al momento, le llevó a un lugar iluminado.

—¡Cómo deseaba verte, hijo mío! —exclamó el obispo, con lágrimas en los ojos.

—¡Pues bien lo ha disimulado vos, eminencia!

—Calla, no me des ese tratamiento ahora que estamos solos. Llámame tío o como se te antoje... —se disculpó aquel gran hombre, acaso el más importante de Polonia después del rey—. He debido escaparme de tantos compromisos... ¡Cómo deseaba estrecharte entre mis brazos, hijo!

—¿A qué obedece su visita...? Perdón, tío... ¿puedo saber el motivo de tu visita?

—¿Es necesario que te lo explique? Me mueve el cariño. Haber comprobado que todas mis esperanzas en tu futuro se están cumpliendo. ¡Me siento muy orgulloso!

—No he estudiado teología, como tú me mandaste, sino otras asignaturas. Merezco tus reproches, tío.

—¿Por qué? Te he dado libertad para elegir. ¿Acaso supones que no estoy enterado de que te apasiona la astronomía y de que vas contando a tus profesores que dudas de las teorías de Tolomeo y de Aristóteles? He venido recibiendo un informe mensual sobre tus actividades.

—¿Acaso desconfiabas de mí, tío?

—No, no es eso. Quería saber de ti.

—Pudiste haberte carteado conmigo.

—¡Qué poco sabes de la política religiosa, hijo! Soy para todo el mundo el obispo de Warmia, un hombre sin sentimientos "paternales relacionados con mi familia natural". Los informes que recibía eran confidenciales. Si hubiera mostrado descaradamente mis preferencias por ti hubiese perjudicado tu futuro. Ha sido mejor dejarte avanzar sin ninguna presión.

Los dos ya se hallaban sentados alrededor de una mesa, con las manos juntas sobre la misma. Por cierto que las del obispo no llevaban ni un solo anillo, pertenecían a un "hombre común" que estaba visitando a su hijo. Por este motivo, cuando las palabras dejaron de fluir, se hablaron con los ojos. Estaban saboreando aquel momento afectivo, porque se parecían demasiado, a pesar de que el mayor se hallara en la cima del mundo y el menor no hubiera ascendido ni al primer tramo de la pendiente.

—Vas a tener problemas con el cabildo —advirtió Lucas Watzenrode—, y yo no podré intervenir. Eres muy joven. Dentro de algún tiempo quizá todo sea distinto. Entonces mi ayuda te resultará útil.

Se levantó despacio, volvió a besar en las mejillas a Nicolás y esperó a ser correspondido. En seguida recibió el contacto más afectuoso, que se completó con un abrazo fuerte, sentido. Y cuando salía por la puerta, pudo escuchar esta despedida que le emocionó:

—¡Adiós, padre!

—¡Adiós, hijo! —respondió el obispo, sin volverse porque estaba llorando.

Los primeros conflictos religiosos y políticos

Copérnico esperaba ocupar la plaza de un canónigo que acababa de fallecer; sin embargo, el cabildo de Warmia se opuso porque no quería conceder tanto poder al obispo, debido a que con la inclusión de otro miembro en la comunidad religiosa las futuras decisiones hubiesen tomado una sola dirección.

Por este motivo se sirvieron de una vieja normativa, la cual imponía que los meses pares elegía a los canónigos el obispo, mientras que los impares lo hacía el Papa. Y como éste había delegado en el cabildo, se eligió al que más convenía.

Sin embargo, al cabo de unos meses se debió ceder, porque había fallecido otro canónigo en uno par. Y el obispo Lucas Watzenrode concedió la canonjía de Frombork a su sobrino.

Pocas semanas permanecería en este lugar, debido a que su tío le necesitaba en Lidzbark. Así pudo asistir, el 22 de febrero de 1496, al nombramiento de Jerry Pranghe como secretario del obispo. Un cargo político forzado por la necesidad de enfrentarse a la Orden Teutónica, que era una de las fuerzas contrarias a la hegemonía del espíritu polaco en Centroeuropa. Un enemigo contra el que se enfrentaría Copérnico reiteradamente a lo largo de su vida.

Por otra parte, éste aún no se podía considerar un canónigo. Necesitaba realizar otros estudios complementarios. Y como Jerry Pranghe debía partir a Roma, para resolver una cuestión política sobre las reivindicaciones de la Orden Teutónica, se decidió que le acompañasen Andrés y Nicolás. Se cree que los tres realizaron el viaje en barco. Una vez en Italia, los jóvenes partieron hasta Bolonia, donde iban a reanudar sus estudios, que les eran financiados por el cabildo de Warmia. Un acto que no se consideraba excepcional, al suponer una especie de financiación de los futuros canónigos.

CAPÍTULO IV

LOS PRIMEROS AÑOS EN ITALIA

La Bolonia del Renacimiento

La ciudad de Bolonia que encontraron los hermanos Copérnico se hallaba en pleno Renacimiento. Esto suponía un resurgir de las ideas, una especie de apertura a lo inesperado en función de una mirada evolucionada del pensamiento y el arte de la Grecia antigua. Una realidad que se hallaban lejos de comprender quienes iban a estudiar Derecho canónico, como hiciera años atrás, allí mismo, su tío el obispo Lucas Watzeronde.

A las pocas semanas, Nicolás se presentó en el palacio episcopal de Bolonia, para autorizar notarialmente a los canónigos Krzystof Tapiau y Andrea Cletz, con el fin de que se hicieran cargo de la canonjía de Warmia, que le fue finalmente concedida. Actuaron como testigos de la firma del documento otorgado por el notario Girolano Belvisi, sus compañeros Alberto Longus y Fabián de Lezany (más tarde canónigo de Frombork y, años después, obispo de Lidzbark), así como un italiano, nacido en Bolonia, el doctor Jacobo de Vanestici.

Antes los hermanos Copérnico se habían apuntado en el registro colegial reservado a la "nación alemana". En éste quedaban incluidos los estudiantes procedentes de Dinamarca, Lituania, Bélgica, Hungría, Suecia y Polonia, pero no los nacidos en la misma Alemania. Curiosa manera de denominar a un grupo en el que estaban excluidos quienes le daban nombre.

55

Allí pasarían cuatro años relativamente tranquilos. Vivían en casa de Doménico María Novara, que era uno de sus profesores en la cátedra de astrología y astronomía. Se sabe que estos tres personajes, junto con otros estudiantes, realizaban observaciones en la iglesia de San Lucas, que se hallaba en la Via Porta del Castello. Mientras examinaban el cielo, en muchas ocasiones Nicolás no actuaba como un alumno aplicado, sino más bien como un entendido que comenzaba a establecer sus propias teorías. No creemos que rectificase al profesor Novara. Lo que se producía entre ambos era una comunicación a nivel de iguales, de la que quedaba excluido, por vez primera, Andrés debido a que éste no se sentía atraído por eso de "perder el tiempo mirando las estrellas".

Como podemos observar, a medida que iba consolidando su destino, el hermano menor dejaba de vivir a la sombra de alguien más fuerte. Cierto que este cambio no se produjo con la brusquedad de un deseo repentino.

Doménico María de Novara

El profesor Doménico de Novara era oriundo de Ferrara y discípulo del famoso Giovanni Bianchini. Lamentablemente no se conserva casi nada de sus escritos. Sin embargo, por Cavaliere y otros matemáticos de la época sabemos de sus vastos conocimientos del cielo y de la gran estima que se le tenía. El mismo Copérnico le calificó de hombre de ingenio y le recordaba con gratitud.

Debido a la tendencia de ocultar los episodios de su pasado, apenas sabemos nada de lo que aprendiera el futuro gran astrónomo de Novara y cuáles fueron las relaciones entre ambos. En su obra "De revolutionibus", trató de probar la validez de su teoría sobre el paralaje lunar. En esta ocasión refiere que en Bolonia había observado *con mi maestro la ocultación de la estrella más brillante de las Híadas* (que es Aldebarán) *detrás de la parte oscura de la media luna.*

Los otros maestros de Copérnico

En la misma Bolonia tuvo Copérnico a Escipión del Ferro como maestro de aritmética y geometría. De éste, como lo destaca en su obra, aprendió los recursos matemáticos que le facultaron para la elaboración de su nuevo sistema del mundo. Asimismo, revela que las lecciones de Ferrer le permitieron conocer los trabajos de los grandes matemáticos del siglo XV. Esos otros maestros que tanto bien le proporcionarían.

Astrolabio reconstruido por Copérnico. Se encuentra en el Museo de Frombork.

Nos referimos a Peuerbach y a Regiomontano. Jorge de Peuerbach había nacido en el pueblo alemán de Peuerbach. Fue un protegido del cardenal Nicolás de Cusa, quien le llevó a Italia, donde enseñó como un admirado profesor de astronomía en Roma, Ferrara, Bolonia y Padua. Falleció en 1461, cuando Copérnico todavía no había nacido.

Johannes Regiomontano trajo su nombre latinizado de Königsberg. Fue matemático creador, quien convirtiera a la trigonometría definitivamente en el fundamento de las mediciones y cálculos astronómicos. Murió en 1476, cuando Copérnico era un niño de tres años.

Copérnico reconoció que pudo escribir su gran obra porque se hallaba aupado sobre los hombros de Peuerbach y Regiomontano, las lumbreras de la escuela de Nuremberg, que pese a su anterior seguimiento de las ideas de Tolomeo, pudo obtener las suyas propias gracias a influencias tan extraordinarias.

Nuevas preocupaciones astronómicas

A Copérnico le preocupaban las dificultades que entrañaba el sistema de Tolomeo, debido a que los fenómenos del cielo, como los eclipses, no correspondían a los cálculos que de él se derivaban, por lo cual se empleaban las correcciones en las tablas del movimiento de los planetas y se elaboraban otras nuevas. Algunas de éstas eran las Tablas de Toledo o las de los Eclipses de Peuerbach, maestro y antecesor de Regiomontano.

Precisamente, una observación verdadera de la Luna jugaría un papel muy especial en la destrucción de la teoría geocéntrica. Si la Luna se desplazara por los epiciclos, como pretendía Tolomeo, entonces tendría que encontrarse, en la primera y tercera fases, dos veces más cerca de la Tierra que en la luna nueva y la luna llena, y por tanto su cara debería ser dos veces mayor. Como Copérnico había encontrado en el "Epítome" de Regiomontano una observación acerca de las dimensiones de la faz de la Luna, pudo saber que no aumentaba hasta tal grado.

El eclipse de Aldebarán

El 9 de marzo de 1497, el profesor Novara y Nicolás observaron el eclipse de Aldebarán. Como disponían de los medios adecuados, podemos considerar que ésta fue la primera investigación científica del cielo realizada por quien se convertiría en uno de los más grandes astrónomos del mundo.

Gracias a que ya había estudiado el "Almagesto abreviado", de Georg Peuerbach y de Juan Müller-Regiomontano, pudo obtener el mayor provecho de esta experiencia única: afirmar que la distancia de la Luna a la Tierra era la misma en todas las fases de aquélla.

Los embriones de la gran teoría

Copérnico había podido leer en una las grandes obras de Regiomontano varias frases sobre los pitagóricos, los cuales consideraban que el orto y el ocaso del Sol eran provocados por la revolución de la Tierra sobre su propio eje, aunque el autor descartaba esta posibilidad. Pero ya el joven polaco había encontrado otros embriones de su futura gran teoría en Cicerón, que decía que Niceto el Siracusano, Ecfanto y otros pitagóricos consideraban que la Tierra era capaz de efectuar ciertos movimientos. Además, en las obras de Nicolás de Cusa, que había fallecido 30 años antes, localizó una afirmación reveladora:

"El centro del universo es Dios, y la Tierra y los otros cuerpos celestes se mueven alrededor de su eje, realizando al mismo tiempo desplazamientos circulatorios."

He aquí los embriones, o nuevos impulsos, que estaban modelando una gran teoría. Copérnico ya la tenía en su mente; pero le faltaban las pruebas necesarias para creer totalmente en ella. Y cuando las obtuviera, tardaría más de treinta años en darlas a conocer a todo el mundo.

Todas estas actividades vienen a demostrar que Copérnico "desobedecía" las órdenes recibidas de su tío: en lugar de concentrarse en los estudios que exigía el Derecho canónico, empleaba el mayor tiempo en la astronomía. También en otra actividad que le iba a ser muy útil: el aprendizaje de la lengua griega. Su profesor fue Antonias Urcens Codrus.

Y a finales de 1499 se encontró con Bernard Wapowski, un compatriota con el que mantendría una relación bastante sólida, dado que compartían las mismas aficiones. Una de ellas tenía relación con la Academia Platónica fundada en Florencia por Lorenzo el Magnífico. En ésta habían sido acogidos los sabios griegos expulsados de Bizancio al ser conquistada por los turcos en 1453. La verdadera savia del Renacimiento italiano y, a la larga, el de media Europa.

Vientos de revolución intelectual

El incremento de las protestas contra quienes no permitían la experimentación en la astronomía formaba parte de la atmósfera intelectual de la Italia de entonces. En la cercana Florencia, el monje Girolano Savonarola estaba poniendo en tela de juicio el poder del Papa Alejandro VI. Durante cuatro años los fogosos sermones de este predicador tuvieron una gran influencia en todo el país.

De Alemania llegaban las primeras exigencias de que la vida religiosa se basara en los textos de la Biblia, que era ya accesible a todos gracias al descubrimiento de la imprenta. También se comentaban ampliamente las impresiones de Cristóbal Colón sobre sus dos viajes al otro lado del océano.

En 1498 regresó a Europa Vasco de Gama que había llegado a la India por vía marítima, después de bordear África. Todo esto formaba un ambiente de controversia y de atrevidas empresas favorables a los pensamientos de Copérnico. Los vientos soplaban animándole a proseguir con su teoría.

Todos querían llegar a Roma

El año 1500 fue declarado jubilar por la Iglesia. Y más de 200.000 peregrinos de toda Europa se encaminaron a Roma.

Este número hoy puede parecernos ridículo; pero en aquellos tiempos suponía una cantidad fabulosa, el reflejo de la gran importancia de la fe cristiana.

1500 fue declarado por el Papa Alejandro VI "Año Jubilar". Por eso cientos de miles de personas viajaron a Roma.

A pesar de que el Papa Alejandro VI no gozara de un gran prestigio, por culpa de su despotismo, la llamada del Vaticano movilizó hasta a los no creyentes. Los hermanos Copérnico se unieron a los grupos de personas que querían llegar a la ciudad eterna. Pero les movía un motivo extra: era preceptivo que los eclesiásticos de entonces realizaran prácticas de Derecho canónico en la curia romana.

El historiador Jeremi Wasintzy nos cuenta la posibilidad de un gran encuentro:

"En Florencia se cruzó —la única ocasión en su vida— el camino de Nicolás Copérnico con el de Leonardo da Vinci, quien en compañía de Lucas Paccioli huía de Milán ante los ejércitos de Luis XII que se estaban aproximando. ¿Llegarían a conocerse estos dos hombres geniales del Renacimiento, el uno en la plenitud de su creación y fama y el otro sólo en los comienzos de su destino? Lucas Paccioli pudo haber sido un enlace entre ellos; pero esto no son más que meras suposiciones."

En el terreno de las posibilidades cabe imaginar un diálogo apasionante entre el astrónomo y el "artista universal", que ya venía impartiendo este concepto: "Primero debe producirse la observación; segundo, el experimento para comprobar la utilidad de lo descubierto; tercero, la valoración de todas las pruebas; cuarto, la aplicación de los resultados, y quinto, la divulgación del trabajo realizado." Unas reglas de oro aplicables a la moderna investigación. Algo que haría suyo Copérnico muchos años después.

El dominio de los Borgia

En Roma el Papa había impuesto la dictadura de los Borgia. Este personaje de origen valenciano era más político y militar que religioso. Suya había sido la decisión de repartir el Nuevo Mundo entre las coronas de España y Portugal al dictar la bula que recibiría el nombre de Tratado de Tordesillas. Maestro de la intriga, se cuidó de acabar con los ducados y reinos de Italia que le eran menos afines, y mandó a la hoguera al monje revolucionario Savonarola. En su haber debemos resaltar el apoyo que ofreció a Miguel Ángel, a Rafael y a otros grandes artistas, cuyas mejores obras se encuentran en el Vaticano.

Sobre las actividades de los hermanos Copérnico poco se sabe. Es posible que Nicolás pronunciase algunas conferencias en colegios mayores sobre sus observaciones astronómicas. Quizá expusiera los errores que había comprobado en las teorías de Tolomeo, aunque no creemos que fuese muy agresivo en sus conceptos, porque hubiese provocado un escándalo, que en seguida habría sido recogido por las gacetillas de la ciudad. Y esto no sucedió.

De lo que se tiene seguridad es que presenció un eclipse de Luna ocurrido el 6 de noviembre de 1500. Lo mencionaría el mismo Copérnico en su libro "De revolutionibus".

En mayo de 1501 salió de Roma en compañía de su hermano Andrés. Ya guardaba en la mente los cimientos de una teoría astronómica tan innovadora, que cien años más tarde llevaría a la hoguera a Giordano Bruno por defenderla. Le quemaría el Santo Oficio allí mismo, en el Campo dei Foiri. Y varias décadas más tarde se vería amenazado con el mismo castigo Galileo Galilei; pero se salvaría al "renegar de esas ideas copernicanas que la Iglesia consideraba propias de Satanás".

Torun ya era una ciudad militar

Andrés y Nicolás debieron regresar a Polonia para que les fueran renovadas las becas de estudios. No encontraron ningún obstáculo en este sentido, dado que se comprometieron a ampliar sus conocimientos de Medicina. Y como se necesitaban clérigos que pudieran tratar a los enfermos de su parroquia o zona de influencia religiosa, volvió a considerarse que se realizaba una inversión provechosa.

Además, debían hacerse cargo de la escolanía de la iglesia de la Santa Cruz de Vroclaw, para cedérsela a las pocas semanas a unos apoderados religiosos. Puro trámite impuesto por el obispo.

La más cruda realidad del cambio que se había producido en Polonia pudieron comprobarla el llegar a Torun. Allí se movían más soldados que civiles, porque la presencia del rey Juan Alberto I dejaba claro que estaba muy próxima la guerra contra los ejércitos de la Orden Teutónica.

En aquel lugar del mundo el cristianismo iba a librar otra de las numerosas contiendas frente a sus poderosos enemigos. Uno de éstos era el Imperio turco, cuyo afán expansionista había llegado a las fronteras de Polonia. Pero el 17 de junio de 1501 falleció el monarca polaco, al que sucedió Alejandro I, que había sido Gran Duque de Lituania.

Europa se hallaba convulsionada por las alianzas que venían firmando sus principales reinos. Si por un lado Francia deseaba pactar con Polonia para hacer frente al emperador Maximiliano I, el responsable de la grandeza de la casa de Austria; por otra, España había consolidado su amistad con este último al casar a Juana la Loca con Felipe el Hermoso. Al mismo tiempo, en suelo italiano galos y españoles estaban librando unas cruentas batallas.

Tampoco se salvó de los conflictos el reino de Polonia, debido a que el nuevo soberano se había casado con una princesa rusa, cuya religión ortodoxa no gustaba a Roma. Por eso se ordenó que debía convertirse o sería repudiada. Pero antes de que se tomara una decisión al respecto, el suegro (el zar Iván III) ordenó la invasión de Lituania.

En medio de tantos conflictos quedaba tiempo para las cuestiones menores. Nos referimos a las que afectaban a los hermanos Copérnico. Éstos volvieron a Italia acompañando al canónigo Bernard Sulteti, que debía realizar unas mediaciones encargadas por el obispo de Warmia que, como sabemos, era tío de aquéllos.

En la Padua amiga de Polonia

A principios del otoño de 1501, Nicolás Copérnico reanudó sus estudios de Medicina en la Universidad de Padua. Allí había muchos jóvenes compatriotas, lo mismo que eran de Polonia algunos profesores. Podríamos decir que ningún polaco se sentía extraño. Se hallaban en la República de Venecia, que tenía a orgullo estar financiando uno de los mejores centros culturales del mundo.

Entre los polacos célebres que estudiaron en la Universidad de Padua, además de Copérnico, merecen citarse Pawel Wlodkowic (1370-1435); Klemens Janicki (1516-1543), un poeta laureado; Jan Kochanowski (1530-1584), el más insigne poeta renacentista del mundo eslavo; Hieronis Ossolinski (fallecido en 1576), político y literato; Krzysztof Opalinsky (1612-1662), hermano del anterior, escritor y teórico de la poética; Jan Zamoyski (1542-1605), rector de la Universidad de Padua en el año docente de 1563 a 1564, y uno de los mayores talentos políticos de la antigua Polonia.

Además, en el libro de la nación polaca de dicha Universidad, que se llevó durante muchos años, figuran numerosos nombres que incluyen los de los sabios polacos que desempeñaron destacado papel entre su claustro de enseñantes. En 1217 fue rector Mikolaj Polak, mientras era profesor Piotr Wysz, obispo de Cracovia. En 1433 cursó sus estudios Jan de Ludzisko, autor del lema de que la naturaleza hizo iguales a todos los hombres. En 1487 fue estudiante Jan Urzyn, escritor de un manual para redactar cartas.

Contemporáneos de Copérnico, residían y estudiaban en Padua el diplomático y más tarde obispo Jan Dantyszek, el poeta y arzobispo Andrzej Krzycki de Secemin y el futuro profesor de medicina Wojciech Krypa de Szamotuly.

La esencia de la Universidad

El edificio principal de la Universidad recibía el nombre de Hospiejum Bovic (Hospicio Bovis); pero la mayoría de sus facultades se encontraban en infinidad de casas e iglesias, todas ellas muy próximas. Cuando el profesor Bronislaw Bilinski, jefe de la estación científica de la Academia Polaca de Ciencias, se propuso localizar en 1970 la antigua Universidad de Padua, terminó completando este informe:

"En la época de Copérnico, la Universidad ofrecía no pocos rasgos característicos de la arquitectura medieval. La rodeaban unas gruesas murallas almenadas. Actualmente, sólo la recuerda una torre medieval de aquellos tiempos. Puede considerarse un testigo —que hasta hoy perdura—, de la Universidad de los años de Copérnico. Los trabajos efectuados en el viejo edificio pusieron al descubierto fragmentos de la antigua arquitectura: arcos, escaleras y aulas que componían el pasado cuerpo del Palazzo del Bo. Una de estas aulas era la sala de medicina en el primer piso, cuyo origen debemos atribuir con toda certeza a los tiempos de Copérnico. En la misma permanecía nuestro astrónomo y médico, aquí se inclinaba sobre los libros y en ella escuchaba atentamente las lecciones, cuando su facultad se trasladó hasta este lugar desde la Via San Biagio."

Más que las características del edificio, con ser éstas importantes dentro de una valoración histórica, lo que cuenta realmente son los profesores. En aquellas aulas resplandecientes de ciencia se encontraban el anatomista Gabrielle Zerbi, el especialista en medicina general y filósofo Pietro Trapolino, los médicos Giovannmi de Aquila y Girolamo de la Torre de Verona, y el especialista en higiene y enfermedades contagiosas Bartolomeo Montanana.

La Facultad de Artistas y Médicos se componía también, según la costumbre de entonces, de filósofos y matemáticos. Impartían sus lecciones, además de los anteriores, el matemático Francesco Capuano de Manfredonia y el filósofo Lonice Tomeo. Este último también enseñaba lógica, matemáticas y astronomía.

Todo ellos hijos del Renacimiento, lo que les permitía ser muy audaces en sus planteamientos, a pesar de que el temario ofreciese un aire bastante tradicional. Constituían la esencia de la Universidad.

Las materias que allí se estudiaban

Las materias que allí se estudiaban comprendían las fiebres, las enfermedades de "más arriba del corazón hasta la cabeza" y otras de "más abajo del corazón hasta los pies". Se enseñaba también la cirugía; pero todas las cauterizaciones y cortes estaban prohibidos a los eclesiásticos. Solamente después de la bula de Sixto IV, quien dirigió la Iglesia desde 1471 a 1484, podían llevarse a cabo investigaciones científicas en cadáveres humanos, principalmente de quienes habían sido condenados a muerte. No existe prueba alguna de que Copérnico hubiera realizado operaciones quirúrgicas.

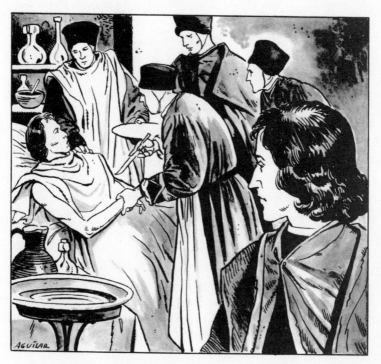

A Copérnico le estaba prohibido, por su condición de clérigo, hasta realizar sangrías.

En el primer curso se daba, según los "Cánones" de Aviceno, la medicina teórica. En el segundo, los "Aforismos" de Hipócrates, con comentarios de Claudio Galeno, y también el "Libro de los pronósticos", de Hipócrates. En el tercero, el "Microtegmus", de Galeno. Además se estudiaban otros autores como Teófilo Filareto, Aegidus Carboniensis, Matthaeus Platearius, Aristóteles, Garioponto, Constantino y Plinio.

Lo suyo era la medicina práctica

A pesar de que Copérnico siguiera interesado por la astronomía, pues era su verdadera vocación, estamos convencidos de que se entregó al estudio de la Medicina con gran entusiasmo. Lo demuestra la gran cantidad de anotaciones que realizó en los márgenes de sus libros. Veamos algunas de ellas:

El extracto de la raíz de tamarisco contra las pústulas es eficaz también contra la lepra.

Para lo que protege contra la mordedura de perro rabioso, véase en pandectas bajo la palabra zafiro.

La observación sobre callosidades, véase en pandectas bajo sauce.

El jugo de agalla de roble es eficaz contra las fístulas y abscesos, cuando se usa para levaduras.

Toma mientras comes resina de árbol frutal tres veces hervida en cerveza: es eficaz contra la podagra.

Bueno contra la parálisis del cuerpo: toma salvia, ruda y castóreo; cuécelo en vino y dalo a beber.

A los que sufren de amores alivia el remedio llamado yero, debido a que los adormece... al bebedor le embriaga.

Los que de sus padres heredan enfermedades, raramente se dejan curar y juiciosamente padecen el sufrimiento.

El salvado alivia el meteorismo y los dolores estomacales.

Copérnico también escribía en los libros de astronomía anotaciones como ésta:

Antes de que se produzcan las grandes lluvias, se encuentran en la tierra lombrices de un tamaño considerable.

El 23 de junio de 1502 compró la obra "Mesne Johannes Opus medicinali cum expositioni Mondini", a la que no salvó de sus apuntes. Según los vamos leyendo, siguiendo su cronología, podemos observar en Copérnico un prudente escepticismo, como si hubiera comprobado personalmente que la Medicina no era una ciencia exacta. Esto se puede apreciar en el siguiente comentario:

Composición del sublimado vínico, al parecer bueno para el estómago, según el monje Bernardo: tómese dos cuartillos de vino sublimado, 4 dracmas de higos secos, 75 de canela, clavo y azafrán. Mézclese y cuézase en un recipiente limpio. Úsese a conveniencia y sin comedimiento. Si Dios quiere, surtirá efecto.

No ha de extrañarnos que le interesara más la medicina práctica, ésa que él mismo había experimentado o conocía, por informes fiables, que surtía efecto en todos los casos. Se diría que estaba pensando en los pacientes de Warmia, de ahí que le interesasen los remedios para las heridas causadas por los caballos, las hormigas, las mordeduras de perros y los daños provocados por las herramientas agrícolas.

Sus primeras fórmulas resultaron un tanto complicadas, lo que se puede comprobar en la que escribió en las páginas de "Elementos", de Euclides:

Tómese dos onzas de arcilla, media de canela y dos dracmas de cedoaria; de tormenta, díctamo y sándalo rojo, dos dracmas de cada; de raspaduras de marfil y hierro, un dracma de cada; de cenizas y manzanilla agreste, dos escrúpulos de cada; de cáscara de limón y perlas, un dracma de cada; de esmeralda, jacinto rojo y zafiro, un escrúpulo de cada; de hueso de corazón cervino, un dracma; de saltamontes marino, asta de

unicornio, coral rojo y oro y plata en panes, un escrúpulo de
cada; de azúcar, media libra o la cantidad que normalmente se
consigue al comprar el peso de un ducado húngaro.

Con el paso del tiempo, Copérnico se autoconvenció de
que las recetas debían ser más sencillas, ya que se disponía de
remedios que podían reemplazar, al mismo tiempo, a tres o cuatro. Esto lo había podido comprobar en el "Giardino de Medici",
de la misma Universidad de Padua, en el cual se cultivaban casi
todas las hierbas medicinales conocidas en el mundo.

CAPÍTULO V

EL CAMINO HASTA "EL COMENTARIO"

Un magnífico estudiante

Copérnico ya era un hombre maduro, responsable de sus actos, que sabía claramente que su destino era ser clérigo. Cumplía con sus obligaciones de estudiante mostrando una disciplina muy estricta, y sus profesores le tenían en alta estima. Sobre todo porque conocía a la perfección la lengua griega, con lo que podía leer los libros traídos por la nueva oleada de sabios helenos que acababan de llegar a Padua huyendo de los turcos. Es posible que realizara varias traducciones para sus compañeros y para algún profesor.

Y era tan elevado su sentido de la perfección, que adquirió el "Diccionario griego", de Juan Bautista Chestenius, la "Gramática griega", de Teodoro Gaza, y otras obras de parecida calidad. Esto le permitió formar una biblioteca con más de un centenar de autores helenos clásicos.

No se tiene la seguridad de que Copérnico llegara a obtener en Padua el doctorado, a pesar de que ciertos historiadores se empeñan en afirmarlo con rotundidad. La realidad es que se encontraba a punto de volver a Polonia y no disponía de ningún título oficial que poder mostrar al cabildo que le había pagado los estudios. Entonces recurrió a una solución práctica.

—Andrés, he de trasladarme a Ferrara para licenciarme en Derecho. Es la disciplina que mejor domino, dentro de las que allí se enseñan —dijo a su hermano, sin ánimo de discutir porque estaba convencido de que era lo mejor que podía hacer—.

Pero me examinaré en Decretales, ya que así tendré la seguridad de que ser aprobado.

—Cuentas con todo mi apoyo, Nicolás.

Ferrara suponía una menor inversión

La Universidad de Ferrara ofrecía otra ventaja nada desdeñable; el doctorado se podía obtener por 25 ducados, mientras que en Padua y en otros lugares se cobraba el doble y hasta el triple.

Los dos hermanos llegaron a su nuevo destino en los primeros días de mayo de 1503. La facultad de Derecho se encontraba en un edificio próximo a la iglesia de San Francisco. El examen doctoral se celebró en la última semana del mismo mes. El escenario fue el palacio episcopal, debido a que el motivo lo exigía.

Todos los estudiantes asistieron a misa; luego, se encaminaron a la catedral por la tortuosa callejuela de Gorgadello. Por último, llegaron al palacio arzobispal, en cuya galería del jardín se iba a celebrar el examen. El tribunal de profesores lo presidía Giorgio Perisciano. El primer tema se llamaba la "privata examinatio", que todos pasaron con unas notas muy favorables. Y el segundo era el "publica examinatio", aunque se consideraba un puro trámite.

La ceremonia tuvo su colofón con la entrega de las insignias doctorales. J. Wasintynski nos explica el significado de todo este ritual:

"El promotor principal, Antonios Leutus, se incorporó de su asiento, con el fin de imponer a su discípulo Copérnico los distintivos doctorales. Primero le entregó un libro cerrado "para que adquiriese la idea de que necesitaba mantener la confianza en que su memoria iba a retener siempre todo lo aprendido"; seguidamente, lo abrió "con el propósito de que entendiese la obligación de incrementar, a través de un tenaz desarrollo y de la práctica mental, los conocimientos adquiridos". Poco más tarde, le colocó en la cabeza el birrete, "ya que se lo merecía, por haber conseguido superarse a sí mismo y por fomentar con su aplicación el progreso de su floreciente Academia". Por último, deslizó en el dedo índice de la mano derecha del nuevo doctor un anillo de oro "para que adquiriera la idea de que con idéntica fidelidad de una esposa, que ha de permanecer junto a su marido, él estaba obligado a cumplir también el sagrado mandamiento de la limpia justicia..., y que lo mismo que acababa de ser desposado con un metal tan purísimo, todo cuanto estuviera dispuesto a realizar debería hacerlo con pureza y sincero corazón". Para finalizar, Leutus dio a Copérnico un "beso de paz en la mejilla, ya que sería merecedor de la paz siempre que supiera él mismo sembrarla, sin provocar enfrentamientos violentos, sino la paz continua y la concordia".

Al fin Copérnico había conseguido un título que poder mostrar al cabildo de Warmia.

Haciendo suyas las palabras del promotor, el vicario general del obispado, Giorgio Prisciano, confirmó entonces con unas solemnes palabras su bendición, mientras el notario eclesiástico anotaba:

"El reverendo y muy sabio varón D. Nicolás Copernich de Prusia, canónigo de Warmia y escolástico de la iglesia de Santa Cruz de Wroclaw, que ha cursado estudios en Bolonia y en Padua, acaba de ser confirmado en derecho canónico, sin oposición de nadie, y doctorado por el presidente señor vicario..."

A partir de este momento quedó cerrado el ciclo italiano de los hermanos polacos. Nueve años que el más pequeño jamás olvidaría, porque sin ellos nunca hubiera conseguido tanta ciencia. Se hallaba en condiciones de dar el salto a la inmortalidad, a pesar de que tardaría más de tres décadas en hacerlo. Todos los mimbres estaban en su cerebro, pertenecía por espíritu y materia al Renacimiento. Esto lo demostraría con su revolucionaria teoría astronómica y, además, con el comportamiento que se impuso nada más cumplir los sesenta años.

Nunca fue un sacerdote

Mucho se ha discutido sobre si Copérnico llegó a profesar como sacerdote. Pero hemos de tener en cuenta que el cargo de canónigo era equiparable, excepto que no podía celebrar misas, aunque sí administrar los otros sacramentos. Por otra parte, resultaba muy útil para escalar puestos dentro de la Iglesia, debido a que se podía alcanzar el obispado y hasta el cardenalato.

En Warmia llegó a haber tantos canónigos, que en muchas parroquias no se podía celebrar misa al no ser sacerdote ninguno de ellos. Una situación que parecía convenir al tío de Copérnico. En realidad había conseguido el mejor ayudante. Nicolás era un joven decidido, voluntarioso e inteligente. Como todo hombre agradecido, se entregó en cuerpo y alma a sus nuevas actividades: ocupar el empleo de secretario del obispo. También desempeñaba el cargo de médico personal.

Residía en el palacio episcopal de Lidzbark y nunca dejó de contar con unas horas para la contemplación del cielo. Disponía de un cuadrante y de un astrolabio. Lo que desconocemos es dónde estableció su observatorio.

¿Cómo era el obispo Lucas Watzenrode?

Lucas Watzenrode, el tío de los hermanos Copérnico, era un hombre de estado. Dedicado por entero a la política y a la religión, obtuvo en 1485 la canonjía de la archicatedral de Gniezno. Dos años más tarde fue nombrado sacerdote por el primado Zbigniew Olesnicki. Diez meses después, se le envió a Roma para que resolviera diferentes asuntos relacionados con el cabildo de Warmia.

Mientras se ocupaba de esta tarea, pudo saber que acababa de fallecer el obispo Mikolaj Tungen. A partir de este momento se desencadenó una lucha de intereses, debido a que el rey y varios poderes políticos y eclesiásticos deseaban sentar en la silla episcopal a sus candidatos. La situación la resolvió el mismo cabildo de Warmia nombrando a Lucas Watzenrode su nuevo obispo.

Enterado de que el rey Casimiro Jagelio se oponía a esta elección, el tío de los Copérnico aprovechó su estancia en Roma para que el Papa Inocencio VIII le consagrase en julio de 1489. De esta manera no se resolvió definitivamente el asunto, ya que fue necesario que falleciese el monarca de Polonia para que ya nadie pusiera reparos. Además, Juan Alberto, el nuevo soberano, en seguida demostró que consideraba al obispo de Warmia uno de sus mejores aliados.

El historiador Ludwik A. Birkenma describe de esta manera el carácter de Lucas Watzenrode:

"Hemos de considerarle un hombre prodigiosamente dotado para los temas políticos, mañoso y previsor como director de todos los asuntos, ya fuesen laicos o eclesiásticos, buen conocedor de las gentes y perspicaz observador. La pluma enemiga del cronista de la Orden Teutónica le muestra como una persona fría y adusta, en cuya boca nunca apareció sonrisa alguna. Quizá en esto hubiese algo de cierto. Taciturno y sumido en sus propias vivencias —lo que acostumbra a ser, hemos de reconocerlo, uno de los mayores dones de los políticos previsores—, no le importaba carecer de don de gentes ni tampoco el de originar un aire de benevolencia a su alrededor. Como obispo, señor casi soberano de Warmia, senador del Reino de Polonia y consejero de máxima confianza de tres reyes consecutivos: Juan Alberto, Alejandro y Segismundo, mantuvo unida a Warmia con Polonia de una forma sólida e íntima, elevó enormemente la importancia de este principado e impuso una administración enérgica y ordenada, gracias a la perseverancia demostrada al poner en práctica sus intenciones."

Una de las más importantes decisiones políticas del obispo de Warmia fue trasladar a la Orden Teutónica a las orillas del Báltico, para que evitaran la posible invasión de las hordas turcas y tártaras. Así pudo mantenerla lejos de la zona más vulnerable del país, ya que la amenaza nunca se materializó. Por este motivo, al cabo de los años, los teutones le consideraron "el gran traidor, demonio encarnado capaz de realizar las más sucias maniobras". No opinaba lo mismo el rey de Polonia, debido a que valoraba a su obispo como "el soporte de la monarquía y el más leal ciudadano".

Una existencia muy activa

En la corte episcopal todas las actividades se hallaban rigurosamente establecidas, lo que impedía que nadie pudiera decir que se encontraba inutilizado. Constantemente se recibían visitas de forasteros y nacionales, que lo mismo podían ser militares, diputados o religiosos de los muchos distritos asignados al obispado. Para cubrir todos los gastos se percibía una enorme variedad de impuestos, además de los ingresos que se obtenían de los arrendamientos de las tierras.

Puede asegurarse que en el palacio del obispo se mantenía un régimen feudal, porque todos sus ocupantes se hallaban divididos en diferentes cargos, que vamos a citar sin un orden preciso: el vicario general, los burgraves, chambelanes, penitenciarios, coperos, gobernadores de las propiedades episcopales, campaneros, guardas, camareros, capellanes, vicarios, escribanos, personal doméstico, eclesiástico, cortesano y caballerizo.

Copérnico se vio obligado a recorrer un extenso territorio en todas las épocas del año. Siempre le acompañaban dos ayudantes.

Es posible que Nicolás Copérnico fuese uno de los personajes que más viajaban, debido a que representó a su tío en infinidad de acontecimientos políticos y religiosos, como la asamblea de los estados prusianos celebrada en 1504 dentro de la Dieta de Cracovia. Ya se había convertido en un secretario imprescindible, y no sólo por su eficacia administrativa y diplomática, pues estaba demostrando ser el médico más eficaz.

Puede asegurarse que el obispo no sufrió ninguna dolencia que se prolongara más de dos o tres días, gracias a que su sobrino, en la intimidad se trataban como "padre e hijo", le curaba con un tratamiento sin dolor, al no recurrir jamás a las sangrías, a las sanguijuelas o a cualquier otro suplicio "médico". Lo suyo era servirse de las hierbas y de los otros remedios naturales.

También se cuidaba de otros importantes personajes, lo que no debe llevar a suponer que su ocupación fuera esencialmente médica. Desempeñaba el cargo de secretario personal del obispo; esto le imponía una serie de trabajos entre burocráticos y diplomáticos.

Nuevas ocupaciones

Copérnico acompañó a su tío en todas sus obligaciones y en sus continuos viajes, como secretario, intérprete, médico, consejero y persona de toda su confianza. En 1504 formó parte de su séquito en las deliberaciones de la pequeña Dieta de los Estados Prusianos en Malbork y en Elblag, y luego, en Torun y en Gdansk, durante los años 1506 y 1507 en la reunión del Consejo de Prusia Real. Llegada la primavera de 1509, siguió al obispo para participar en la Dieta de Plotrków y quizá también en la reunión de la Dieta en Cracovia.

El obispo de Warmia era la más alta autoridad en la Prusia Real. Desempeñaba el cargo de presidente de los consejos eclesiásticos, laicos y de los representantes de las tres ciudades principales; dirigía los consejos de los Estados que decretaban los impuestos y suya era la última palabra en los asuntos más importantes dentro de las relaciones con el reino polaco. Cuidaba con entereza los privilegios y la autonomía de su territorio; pero siempre ponía, por encima de todo, el interés nacional.

Al lado de tan poderoso protector, Copérnico pasó su prueba de las actividades políticas y militares. Se encontró justo en el centro de la dificultad y la complicación de los asuntos de la Prusia Real, la más rica de las provincias del reino polaco que, después de la guerra de los trece años, era autónoma y sus florecientes ciudades como Gdansk, Torun y Elblag gozaban de extensas ventajas. A diferencia de otras, jugaban un papel primordial, pues era la época en que se iniciaba el proceso de que la nobleza aspirara al poder. Los campesinos habían obtenido grandes libertades, eran relativamente ricos, su economía se basaba en el pago de rentas y no en el trabajo obligatorio en las tierras de los señores feudales.

"El Comentario" o el anticipo de su gran obra

Entre uno y otro de sus numerosos viajes y diversas ocupaciones relacionadas con sus funciones de secretario y médico, entre consejos y reuniones, tensiones y conversaciones diplomáticas, y la algarabía de las recepciones, Copérnico logró encontrar tiempo para sus trabajos científicos y literarios.

De este modo compuso probablemente en 1507 un anticipo de su gran obra. Lo tituló "Nicolao Copernici de hypothesibus mottum coelestium a se constitutis commentariolus" ("Pequeño comentario sobre la hipótesis de los movimientos siderales"), el cual sería conocido vulgarmente como "El comentario".

Era un manuscrito corto, de unas cuarenta páginas, que no estaba destinado a la imprenta, aunque circularon unas copias entre los científicos más cercanos al autor, especialmente del círculo cracoviano. Desistiendo de detalladas demostraciones geométricas, destinadas, como decía, para una obra mayor, Copérnico ofreció un esbozo de la teoría heliocéntrica de la construcción del mundo, contradiciendo la doctrina vigente, o sea que la Tierra permanecía inmóvil y era el centro del universo. Fue así en Lidzbark donde aconteció un suceso tan importante.

Se trataba del primer esbozo de la teoría heliocéntrica, de carácter teórico, pero sin estructura matemática. Aunque se diferenciaba fundamentalmente de las soluciones adelantadas en la obra "De revolutionibus", brindaba unas definiciones muy audaces sobre el movimiento de la Tierra.

La voz de Copérnico

Todos los movimientos que apreciamos en el firmamento no provienen de éste, sino del movimiento de la Tierra. La Tierra, por tanto, junto con sus elementos inmediatos, efectúa durante las 24 horas una revolución alrededor de sus polos inmutables, al mismo tiempo que el firmamento unido con el cielo más elevado se mantiene inmóvil...

... He de añadir también que resultaría muy ilógico atribuir movimiento más bien a lo que abarca y concede lugar y no a lo que se halla circundado y situado, que son exactamente las características de la Tierra.

Éste era uno de los siete postulados que se exponían en el texto, con los que Copérnico pudo demostrar que cualquier alteración del movimiento, *tomando como punto de partida el movimiento perfecto, ha de basarse únicamente en una serie de movimientos continuos, ya que así lo requiere el principio del movimiento perfecto.* Con esto se anticipó a los estudios realizados por Galileo, uno sus grandes seguidores en el terreno de la astronomía.

No obstante, la teoría copernicana presentaba algunas deficiencias, que serían corregidas años más tarde. Por ejemplo, dentro de las ideas que se aproximaban a la realidad, se encontraban éstas:

... El centro de la Tierra no puede ser considerado el centro del mundo, sino el centro de la gravedad y centro de la

órbita de la Luna; la totalidad de los planetas se desplazan alrededor del Sol, que constituye el centro del universo; la relación

El joven Copérnico con sus primeros instrumentos astronómicos. Grabado sobre cobre de un autor desconocido.

de la distancia del Sol a la Tierra y de la distancia al firmamento es menor que la del radio de la Tierra a la distancia del Sol y llega a ser ínfima en las profundidades del cielo; el Sol es inmóvil y todo lo que nos parece ser movimiento solar procede únicamente del movimiento de la Tierra y de nuestra esfera con la que giramos alrededor del Sol; el aparente movimiento de retroceso y el movimiento directo de los planetas procede del movimiento de la Tierra.

Los siete postulados de "El Comentario"

La minuciosa exposición de la teoría heliocéntrica en "El comentario" va precedida de siete postulados, cuya aceptación le facilitó a Copérnico la solución de la tarea propuesta:

1.º. No existe un centro único de todos los círculos o esferas celestes.

2.º. El centro de la Tierra no es el centro del Universo, sino sólo de la gravedad y de la esfera lunar.

3.º. Todas las esferas giran alrededor del Sol, que es su punto medio, y por ello el Sol es centro del Universo.

4.º. La razón entre la distancia de la Tierra al Sol y la altura del firmamento es tan inferior a la razón entre el radio de la Tierra y su distancia al Sol, que la distancia de la Tierra al Sol es imperceptible frente a la altura del firmamento.

5.º. Todo movimiento que parezca realizar el firmamento no proviene del movimiento del firmamento mismo, sino de la Tierra. La Tierra, junto con los elementos que la rodean, realiza una rotación completa alrededor de sus polos fijos en un movimiento diario, mientras que el firmamento y el cielo superior permanecen inmutables.

6.º. Lo que se nos presenta como movimiento del Sol no proviene de sus movimientos, sino del movimiento de la Tierra y de nuestra esfera, con la que giramos alrededor del Sol como cualquier planeta. La Tierra tiene, pues, más de un movimiento.

7.º. Los movimientos aparentes retrógrado y directo de los planetas no provienen de su movimiento, sino del de la

Tierra. Por tanto, el movimiento de la Tierra por sí solo es suficiente para explicar tales desigualdades aparentes de los cielos.

"El comentario" finalizaba con esta exposición:

Grabado en madera del gran astrónomo Copérnico con la flor de la ciencia.

... Mercurio sigue, pues, en general, siete círculos. Venus cinco, la Tierra tres y la Luna cuatro, en su movimiento alrededor de aquélla. Finalmente, Marte, Júpiter y Saturno se mueven dentro cada uno de ellos sobre cinco círculos. Serían suficientes treinta y cuatro círculos en general para explicar toda la construcción del mundo y la danza completa de los planetas.

Esta obra no fue publicada en vida de Copérnico. Lo que sí se conocieron fueron algunas copias manuscritas del original, que el autor envió a varios de sus amigos que estaban interesados por la astronomía. Y éstos se encargaron de volverlas a copiar, con lo que se fue extendiendo hasta llegar a manos del danés Tycho Brahe, que está considerado actualmente como uno de los grandes astrónomos de todos los tiempos. La obtuvo durante la reunión de la Dieta en Ratisbona, de su amigo el doctor en medicina Tadeusz Hajek.

Como lo consideró muy interesante, lo introdujo en su libro "Astronomiae instauratae progymnasmata", editado en Praga en 1602, y en el que no faltaba el nombre del autor. Realmente, "El comentario" no sería impreso hasta 1878.

En esta obra, pequeña por su extensión, pero grande en su contenido, Copérnico presentó como novedad el descubrimiento de los tres movimientos de la Tierra: la revolución cotidiana que produce el día y la noche, la revolución anual alrededor del Sol y la precesión de los equinoccios; pero la consecución más importante fue la verdadera fijación del orden de los planetas del sistema solar, desde Mercurio, el más cercano al Sol, hasta Saturno, el más lejano que se conocía entonces.

CAPÍTULO VI

LA MUERTE DE SU "SEGUNDO PADRE"

Un maestro de la cartografía

A partir de este momento, vamos a poder comprobar que Copérnico era un hombre del Renacimiento, por tanto un "genio universal". Sin que podamos saber en qué momento adquirió ciertos conocimientos, como no fuera por la aproximación a los que ya poseía, iremos viendo los terrenos insospechados que fue capaz de recorrer.

En 1510, se le encargó la realización de un mapa de Warmia y de las fronteras occidentales de la Prusia Real. Suponemos que debió recorrer esas zonas del país, tomar mediciones muy precisas, similares a las que realizaba mientras observaba el cielo.

Podemos tener una idea de la calidad del trabajo al saber que la Orden Teutónica quiso robarlo, para lo cual pagó a un espía; sin embargo, éste fue incapaz de cumplir su misión debido a que el mapa ya se encontraba en el palacio arzobispal.

Copérnico también realizó un segundo mapa, en este caso de la zona occidental del estuario del Vístula. Se le propuso en 1519, para terminar con las discusiones que los pescadores venían manteniendo desde hacía siglos. Así pudieron delimitarse las zonas que debían ocupar unos y otros.

En 1520, dibujó un tercer mapa con su amigo Bernard Wapowski, que era geógrafo, astrónomo e historiador. La empresa fue de mayor envergadura, ya que recogieron todo el reino de Polonia, incluyendo el Gran Ducado de Lituania. Debieron representar más de un millar de localidades. Y todavía se menciona un cuarto mapa, de 1529, en el que se describían todas las tierras prusianas. Lo trazó Copérnico con la ayuda de Aleksander Sculteti, que era canónigo de Frombork. No se conserva ni una sola copia de este mapa, aunque se cree que fue utilizado por los alemanes H. Henneberger y Gaspar Schütz para dibujar su famoso mapa de Prusia.

Nunca abandonó la astronomía

Para Copérnico la astronomía era su verdadera vocación. Nunca dejaba de contar con unas horas al día para leer, investigar y escribir sobre la materia. El 2 de abril de 1509, pudo observar un eclipse de luna en Varsovia. Si tenemos en cuenta sus escritos, podemos observar que fue la primera que aceptó las ideas de Tolomeo, dado que se produjeron unas coincidencias excepcionales que parecían respaldarlas. También efectuó unos cálculos matemáticos, que le permitieron comprobar el valor exacto del movimiento medio de la Luna.

Hay quien cree que estas observaciones se realizaron en el castillo de Lidzbark, ya que en este lugar sí que se iniciaron otras relacionadas con los planetas, que prosiguieron con el seguimiento de los desplazamientos de Marte. Debemos recordar que todas estas observaciones eran a simple vista, debido a que el telescopio sería inventado décadas más tarde por Galileo.

Un trabajo menor que fue bien considerado

Los grandes hombres también muestran sus debilidades. Consideramos que Copérnico pecó de vanidad al perder el tiempo traduciendo del griego al latín las 85 cartas de un historiador bizantino del siglo VII. La obra se titulaba "Theopilacti scolastici Sicomatii ep (isto) le morales, rurales et amotoriae, interpretatione latina" ("De Teofilacto escolástico, Simocatta cartas morales, idílicas y amorosas en traducción latina"). Este su debut literario fue publicado en la segunda mitad del año 1509 por la imprenta de Jan Hallen de Cracovia. Como era obligado, en su prime-

ra página se presentaba una dedicatoria al obispo Lucas
Watzenrode:

*Copérnico cometió un "pecadillo" de vanidad al traducir un
libro menor. Le supuso un gran esfuerzo y fue felicitado.*

A Vos, Reverendísimo Señor, dedico este modesto obse-
quio a pesar de no estar en relación alguna con los favores que
de Vos he recibido. Todo lo que soy capaz de producir con mi
inteligencia y todo lo que pueda ser de utilidad, lo considero en
justicia de Vuestra propiedad. Sin duda es cierto lo que antaño
Ovidio escribiera el emperador Germanicus: "Según tu mirada,
mi ánimo decae o se eleva hacia arriba."

Ahora sabemos que cuando Copérnico pidió a Wawrzyzniec Korwin (el autor del primer manual de geografía, "Cosmografía") que redactara el prólogo de la obra, éste lo dudó porque estaba a punto de abandonar el cargo de escribano en Torun para marcharse a Silesia. Sin embargo, al final escribiría un poema dedicado a la amistad. Por cierto, el mismo serviría para prologar el libro "Epithalamius", de Jan Dantyszck, en el que se elogiaba la boda del rey Segismundo I con Bárbara Zapolyi. Una copia manuscrita de la obrita se conservó en las colecciones de Jan Brozek, profesor de la Universidad de Cracovia, y según el mismo fue publicada únicamente en 1885.

Para finalizar este apartado, diremos que la traducción de la obra del autor bizantino fue muy bien considerada en su tiempo, porque sirvió para que se conociera el dominio que Copérnico tenía del griego clásico. No obstante, hoy día se estima que supuso una pérdida de tiempo, ya que el librito original era de las consideradas obras "menores" en un sentido literario.

A Copérnico se le debe también la traducción del griego al latín de la carta apócrifa del pitagórico Lisias dirigida a Hiparco, con intención primeramente de publicarla al mismo tiempo que la obra "De revolutionibus", pero, al final, decidió retirarla antes de entregar el manuscrito a la imprenta. La carta apócrifa fue publicada en 1873 con la edición toruñesa de "De revolutionibus".

La muerte del obispo Lucas Watzenrode

En 1512, el obispo Lucas Watzenrode asistió a las fiestas que en Cracovia se celebraron para homenajear la Dieta de la coronación de la reina Bárbara Zapolyi. Durante el viaje de regreso se sintió gravemente enfermo. Nadie pudo recurrir a Copérnico, debido a que éste ya no cumplía las funciones de secretario personal de su tío, como tampoco la de su "médico de cabecera". Nada se pudo hacer para curarle. Falleció el 29 de marzo de 1512. Acababa de cumplir los 65 años, y de él se escribió que había sido "prudente, intachable, justo y digno de admiración por su constancia y magnanimidad".

Para Copérnico esta pérdida supuso una tragedia de la que tardaría mucho tiempo en recuperarse anímicamente. Se había quedado sin padre por segunda vez. Y su vacío espiritual fue inmenso. En lo material, no acusó ningún perjuicio, debido a que su tío le había situado en tal posición que resultase imprescindible para los demás obispos que le siguieran.

A partir de este momento, se haría cargo de la vicaría de Frombork, donde permanecería hasta el final de sus días. Y en aquel "rincón perdido del mundo", como él lo llamaría, iba a realizar una de las mayores proezas conocidas de la ciencia universal.

Los últimos años de una relación fraterna

El obispo Lucas Watzenrode demostró una generosidad casi "impropia" de un verdadero padre al desprenderse de Nicolás. Le amaba como a un hijo, pero era consciente de que teniéndole a su lado le estaba cortando las alas de la creatividad. Por este motivo le encargó los trabajos de cartografía y otros muchos más. Deseaba que se marchara durante largo tiempo, con la altruista intención de que se sintiera libre.

—No quiero que me escribas todas las semanas, aunque desearía que lo hicieras cada hora del día —le ordenó la triste mañana de la despedida—. Lo harás cada mes. Y me darías una gran alegría si te olvidaras de cumplir esta orden. Soy un viejo sentimental y recordarte podría aficionarme a la lágrima.

Los dos se unieron en las risas, a la vez que se abrazaban. Se encontraban solos. Acababan de desayunar y todo se hallaba listo para la primera separación. Se besaron en las mejillas, hasta que Copérnico musitó:

—Nunca te olvidaré, padre.

—Pero no ocupes tus pensamientos demasiado con esos recuerdos, hijo. ¡Suerte con tu nuevo trabajo!

—Gracias.

Se escribieron cada mes, aunque fue el obispo quien rompió la norma al enviar, de cuando en cuando, una o dos cartas en el mismo periodo. Por lo general, lo justificaba alegando cualquier asunto administrativo. No hay ninguna duda de que se amaron hasta el último día de la vida de Lucas Watzenrode y mucho más allá.

Copérnico sufrió tal ataque de desesperación al conocer la muerte de su tío, que maldijo a los médicos que "habían consentido este desenlace". Con el paso de los días, mientras cabalgaba para llegar a tiempo al entierro, logró serenarse. Entonces se dio cuenta de que había sido muy injusto con sus colegas. El obispo seguramente había fallecido por la edad, una barrera demasiado frágil ante el ataque de cualquier infección o unas calenturas inesperadas.

La misión de los canónigos

El número de los canónigos de Frombork, el nuevo destino de Copérnico, se hallaba establecido en dieciséis. Cuando éste se integró "de cuerpo presente" al Capítulo de Ermland, sólo uno de los canónigos era sacerdote. Los demás habían recibido órdenes menores: podían ser considerados, no obstante, eclesiásticos y estaban obligados a mantener el celibato.

El signo exterior del estado clerical era la tonsura. El obispo Lucas, en una solemne ceremonia, le cortó a su sobrino Nicolás un mechón de cabellos de la coronilla, a la vez que le formulaba esta advertencia: "Quod nunc de foro Ecclesiae factus es" (" De aquí en adelante eres el fuero de la Iglesia"). Y añadió:

—Gozarás de los privilegios y cumplirás con los deberes que el derecho canónico impone a los clérigos.

La ciudad de Frombork con su catedral. Así pudo ser en tiempos de Copérnico

Los canónigos tenían la obligación de asistir a la misa conventual, rezar los maitines y vísperas, y solemnizar la liturgia de los días festivos. Pero sus principales incumbencias eran de índole secular. Administraban las vastas heredades, feudos y fincas del Capítulo. Recaudaban las rentas, impuestos y diezmos. Nombraban los alcaldes de las aldeas de su jurisdicción. Legislaban y hacían cumplir las leyes.

Casi todos provenían de las familias patricias de Torun y de Danzing. Formaban una especie de clan familiar, pues por los matrimonios de los suyos estaban emparentados entre sí. Cada canónigo tenía dentro de los muros de la ciudad una casa o "curia", y en el campo, dos "allodia", que eran posesiones privadas de tierras y siervos de la gleba.

A Copérnico le tocó como "curia" la "Torre": una casa fortificada, angosta y alta. En ella nacería su gran obra y en la misma moriría.

La llegada a Frombork

Una vez llegó a Frombork, *el más remoto rincón de la Tierra*, según lo llamó en su dedicatoria de "De revolutionibus" al Papa Pablo III, permanecería allí hasta el final de su vida, aunque con breves interrupciones. En este mismo lugar, ya fuese en el cerro catedralicio o en su inmediata vecindad, llevó a cabo sus observaciones astronómicas. También se dedicó a escribir su gran obra, desarrollando al mismo tiempo una incansable actividad pública como médico, economista y político.

Aquellos años no eran fáciles. La amenaza de la Orden Teutónica volvía a pesar sobre Warmia. Porque no cesaban sus ataques armados. A esto se añadían las maniobras del cabildo, los complicados problemas de la administración de los bienes capitulares y la necesidad de una reforma monetaria. Circunstancias que le exigían al canónigo Copérnico adoptar una posición definitiva.

Pronto se comprobaría que sabía afrontar cualquier tipo de problemas con gran decisión, porque era partidario de mantener una estrecha cooperación con el reino de Polonia. Jamás dejaría de probar que se consideraba polaco.

Sobre la pequeña ciudad de Frombork se elevaba el cerro con la catedral, dedicada a la Santísima Virgen María. Unas murallas reforzadas con torres y bastiones rodeaban la catedral, el patio de ésta y las edificaciones adjuntas, formando un sólido conjunto defensivo. En el ángulo noroeste de la muralla se levanta todavía la llamada desde 1610 "Torre de Copérnico", que procede del siglo XV. Según la tradición local aquí precisamente fue donde hizo sus observaciones del cielo.

Las torres cumplían funciones defensivas, hasta que en 1499 fueron asignadas a los diversos canónigos para alojamiento. El primer inquilino había sido Marcin Astcnicht, al que sucedió Copérnico

Después de su llegada a Frombork, recibió del cabildo la curia exterior bajo el patrocinio de San Estanislao, situada al mediodía del torreón de la esquina de la muralla, al otro lado del barranco allí existente. No tenía que andar mucho desde su canonjía para, a través de la puerta occidental, llegar a la torre en el interior de la muralla donde según la leyenda, aún conservada, tenía su observatorio.

Los observatorios astronómicos

La principal ocupación de Copérnico fue la astronomía. Para ello construyó dos observatorios. Uno situado en el patio de su casa de Frombork, sobre una losa llamada "pavimentum" y junto a las murallas. Allí realizó un cuadrante solar, que destinó a la contemplación del cielo y a los cálculos. El segundo observatorio lo colocó en la torre octogonal de la misma muralla, dado que en ésta había un remate plano que facilitaba la instalación de todo el instrumental necesario.

Durante los meses que duró la guerra contra la Orden Teutónica, Frombork fue incendiada. Las llamas destruyeron el cuadrante solar de Copérnico, además de cientos de edificios. La mayoría de éstos serían reconstruidos; pero no el ingenio astronómico, lo que da idea de que al sabio canónigo ya le había proporcionado la información que necesitaba.

Las múltiples ocupaciones de un hombre incansable

El 28 de diciembre de 1512, Copérnico y otros canónigos y prelados juraron fidelidad al rey de Polonia. Jamás lo quebrantarían. Aquéllos eran tiempos en los que el astrónomo se hallaba dedicado plenamente a la medicina. Su prestigio en este terreno llegó a ser tan elevado, que Szymon Starowolski en su obra "Scriptorum polinicorum Hecatontas" ("Un centenar de escritores polacos") le dedica este comentario:

"En medicina gozaba de la fama de un segundo Escolapio, aunque su mente marcadamente filosófica no persiguiera nunca la popularidad."

Sus libros sobre la medicina traídos desde Padua, las anotaciones hechas en los márgenes de sus lecturas de toda clase y las fórmulas le sirvieron de gran provecho en la cotidiana práctica de médico en Warmia.

Entre sus pacientes se encontraban los obispos, príncipes y consejeros de Estado. También pobres campesinos, como es deber de todo buen cristiano. En las pestes que azotaron Polonia en los años 1519 y 1528, fue uno de los médicos más requeridos por la eficacia de sus tratamientos.

Como atendió a los cuatro obispos, uno de éstos, Luzjanski, escribió en una de sus cartas a Tiedemann Giese:

"Está aquí el señor doctor Nicolás Copérnico, quien con arte médico y solicitud cura nuestra enfermedad".

Viajó a distintos lugares para tratar enfermos. Pero no siempre cosechaba éxitos, pues en el libro "Consejos de Medicina", de Bartolomé Montagna, junto a las palabras del autor escribió:

... Ahora he podido comprobar que es auténtica la afir-
mación de Avicena de que el ignorante puede llegar al homici-
dio. Esto debía quedar grabado en la memoria de cada médico
prudente.

Anotó en otras páginas:

Año 1526, recuérdalo.

Y más adelante:

De ahí la deducción de que lo mejor es confeccionar
recetas cortas. Recuérdalo, médico. Año 1526, día 4 de abril.
Cuidado con los remedios de efecto rápido. Andad con cuidado.
Aplicaré la pomada localmente. Precaución.

La reforma del calendario

Pero este gran hombre se ocupaba de otras tareas, como
de la reforma del calendario. Incansable en su empeño por encontrarse siempre ocupado, cuando en 1513 le pidió Paulo de
Middelburgo, obispo de Fossombrone, que formase parte de la
comisión polaca encargada de asesorar al Vaticano, no dudó en
presentar un nuevo proyecto de calendario.

Su librito fue muy bien considerado, a pesar de que el
Papa León X no se decidiera a efectuar los cambios por conside-
rar que faltaba la suficiente precisión en la medida de los meses.
Sobre este asunto el mismo Copérnico escribió lo siguiente:

No hace mucho tiempo, en los años de León X, cuando
en el Concilio de Letrán se discutía el problema del perfeccio-
namiento del calendario eclesiástico, este asunto quedó sin
decisión únicamente por no contar con las evaluaciones impres-
cindibles de los años y los meses, como tampoco del cálculo de
los movimientos del Sol y de la Luna. Desde entones, animado
por este varón insigne, el R. P. Paulo, obispo de Fossombrone,

que asumía en esos momentos la dirección de este asunto, comencé a forzar mi mente para investigar con mayor precisión estas cosas. Dejo la valoración de todo lo que en esta materia me ha sido dado descubrir a la apreciación de Su Santidad y a la de todos los demás doctos matemáticos.

La reforma monetaria

Hacia 1517, Warmia se enfrentó a un grave problema económico, debido a que la Orden Teutónica venía falsificando las monedas de curso legal y a que se estaba aceptando la entrada de monedas extranjeras de muy escaso o nulo valor.

A pesar de que en todas las tierras de Prusia y Pomerania existían hasta cuatro casas de la moneda, lo que allí se acuñaba eran piezas fundidas por la Orden Teutónica, que las transformaba en otras con un contenido de plata cada vez menor. Esto le proporcionaba grandes beneficios, empobrecía el país y frenaba el desarrollo del comercio.

Atendiendo una queja de la asamblea de los Estados prusianos en Elblag, Copérnico se ocupó del asunto en 1517. Preparó el primer bosquejo de su tratado "De aestimatione moneta" ("Sobre el precio de la moneda"). Dos años más tarde presentó su trabajo definitivo: "Tractatus de monetis, Modus cudendi monetam" ("Tratado de las monedas. Manera de acuñar la moneda").

Cinco años más tarde asistió, acompañado del canónigo Tiedemann Giese, a la asamblea de los estados de la Prusia Real. El punto de reunión fue la ciudad de Grudziade. Aquí se tomó en consideración su propuesta de equiparar las monedas prusianas y polacas. El asunto se estimó de tanta importancia, que se necesitaron casi dos años de deliberaciones en lugares distintos, hasta que se aprobaron las propuestas de Copérnico: una sola fábrica de la moneda, la revalorización de las monedas y unas acuñaciones fijas.

Todo esto lo había escrito en su obra, además de incluir otros asuntos muy interesantes:

Hemos de converir que la moneda representa un patrón general de los valores de un Estado. Esto convierte en indispensable que lo considerado un patrón conserve permanentemente unas dimensiones y unos componentes fijos e inalterables...

Retrato del joven Nicolás Copérnico.

... Los motivos que han causado la depreciación de las monedas han sido las falsificaciones, unido al incremento de la circulación monetaria. Cuando las ciudades (Torun, Gdansk, Elblag y Królewiec) consiguieron la posibilidad de acuñar su propia moneda, su calidad no se incrementó con ello. En las épocas que se utilizaron monedas peores y mejores, los comerciantes y orfebres eligieron las más antiguas, por ser las de mayor calidad, y vendieron la plata de esta forma obtenida, recibiendo a cambio todavía más plata en moneda aleada de la gente que lo ignoraba. Por otra parte, en el momento que las monedas antiguas desaparecieron totalmente de la circulación, escogieron gradualmente otras entre las mejores, con lo que dejaron un montón de monedas inferiores.

No hay duda de que la proporción de plata en la moneda rebaja su valor. Vamos a evitarlo. Dos condiciones debo señalar: una en las tierras de Su Majestad y la otra bajo la soberanía del príncipe. En la primera de ellas, que se acuñe una moneda señalada en una de sus caras con las armas de las Tierras Prusianas. En la otra casa de la moneda debe ser acuñada moneda con el cuño real en una cara y en la otra el del príncipe, con la condición, sin embargo, de que las dos monedas se hallen bajo la soberanía real a fin de que circulen y sean admitidas en todo el Reino por orden de Su Majestad. Ello será de gran importancia para la unificación y la mejora de las relaciones comerciales...

... Considero imprescindible que después de introducir la nueva, la moneda vieja sea retirada de la circulación y prohibida, y su cambio por la nueva autorizado en las casas de la moneda con relación a su verdadero valor. De otra forma, todas las diligencias para la reforma de la moneda resultarán vanas, y el caos puede ser mayor que el anterior. Pues la moneda vieja contagiaría la confianza en la nueva: como resultado de la mezcla y la suma perderá su justo peso, se volverá excesivamente complicada y se producirá de este modo el inconveniente más arriba mencionado.

CAPÍTULO VII

AÑOS DE LUTO Y HEROÍSMO

El destino de los hermanos de Nicolás

La suerte de Andrés, el hermano mayor, no había podido ser más trágica. Después de recibir la canonjía de Warmia en 1507, sufrió una enfermedad incurable. Durante varios años se le estuvo tratando, hasta que fue trasladado a Italia para someterse a una severa terapia. Mientras tanto, se ocupaba en Roma de unas tareas diplomáticas. Hasta que los doctores diagnosticaron que padecía lepra en su estado contagioso. Se le recluyó en una leprosería, donde falleció el 30 de marzo de 1519.

Bárbara, la segunda de los hermanos por orden de nacimiento, había entrado en un convento de las Benedictinas de Chelmno, donde llegó a ser la priora. Murió en 1572.

Catalina fue esposa de Bartolomé Gertner, comerciante y concejal toruñés, pero que había nacido en Cracovia. Tuvieron cinco hijos: Catalina, Cristina, Regina, Jorge y Alberto. Su tío, el gran astrónomo, cuidó de ellos durante toda su vida, pero es poco más lo que se conoce de su suerte y de su descendencia.

La enfermedad de Andrés

Resulta algo complicado escribir sobre la enfermedad de Andrés Copérnico, porque nunca quiso ser cuidado por su hermano menor. Se sabe que pudieron verse cuando el rostro de aquél comenzaba a acusar las deformaciones propias de una misteriosa enfermedad que algunos médicos consideraban la lepra. Se estaban dando muchos casos en Polonia.

—Espero que no me dediques uno de tus sabios pregones, hermanito —advirtió el mayor forzando una sonrisa, a pesar de que le afeaba mucho más.

—Sólo quiero recordarte que asumí la "paternidad" de la familia desde el fallecimiento de nuestro tío, el querido obispo Lucas.

—Porque yo estaba ilocalizable, pues me correspondía a mí al ser el mayor. Pero no creo que hayas venido a visitarme por esa cuestión. ¿Qué pretendes?

—Llevarte conmigo a Frombork. Intentaría curarte. Existen algunos tratamientos bastante prometedores.

—¡No digas sandeces! Me han visto los mejores médicos de Europa. Lo mío es incurable. Pero se equivocan quienes lo llaman lepra. Mi enfermedad tiene que ver con lo mucho que me gustan las rameras.

—¡Calla! ¡Estás ensuciando tu boca con esas mentiras! —exclamó Nicolás, a la vez que se daba la vuelta con el rostro contraído por la desesperación.

—¿Te avergüenzas de mí, hermanito? Ese "padre" tuyo, el obispo, tuvo un hijo bastardo, ¡porque le gustaban las mujeres!

De pronto, el más joven se volvió con el brazo levantado. Y hubiera abofeteado a su hermano, de no haber caído en la cuenta de que se hallaba ante un hombre enloquecido por la enfermedad.

—¡No insultes a ese santo hombre! —gritó.

—De acuerdo. Despidámonos en paz, hermanito.

Jamás se volvieron a encontrar. Andrés fue enviado a Italia para que cubriese unas misiones diplomáticas. Terminaría convertido en un verdadero monstruo, por culpa de la degeneración de su físico, a pesar de lo cual nunca dejó de conseguir dinero para irse con las prostitutas. Las más degeneradas, ésas a las que no les importaba la enfermedad de un cliente tan generoso.

Se diría que era un comodín

En vista de que todo lo que se le encomendaba a Copérnico lo resolvía con eficacia y rapidez, además de solicitarle como médico, se convirtió en redactor de los documentos testamentarios oficiales, en encargado de la tesorería necesaria para ampliar la catedral de Frombork y, además, compraba el armamento imprescindible para la defensa de las murallas de la ciudad. También reparaba relojes y otras máquinas.

En el último encuentro de los hermanos Copérnico el mayor, Andrés, ya mostraba las terribles huellas de la enfermedad incurable que le llevaría a la muerte.

Se diría que era considerado un comodín, válido para todas las situaciones. Como al pedirle que se encargara de establecer las tarifas del pan. En seguida se encargó de realizar numerosas entrevistas, con lo que pudo comprobar que el problema resultaba más grave de lo que había supuesto. Las gentes se quejaban de la falta de peso del pan, de la desigualdad de los precios, de que no se hubiera regulado su composición, de los elevados costes agrícolas, etc. Quizá el mayor problema se debiera a las continuas guerras contra la Orden Teutónica, ya que empobrecía a todos los habitantes de Warmia.

Al cabo de los meses, Copérnico pudo ofrecer con la mayor escrupulosidad la "tarifa panadera olsztyniana correspondiente al trigo y al centeno":

Según mis cálculos, de un korzec (antigua medida polaca equivalente a unos 98 kg) *de cada uno de estos granos, después de la determinación exacta de su peso podía conseguirse a través de la molturación casi 67 libras de pan. Por este motivo he preparado un cuadro de precios honestos del pan y, teniendo en cuenta las posibles oscilaciones, recomiendo que todas las medidas de trigo se rijan por un solo patrón (korzec). Para demostrar mis razonamientos y sugerencias en la práctica, recomiendo: Que en todo ello se determine el peso exacto, sin añadidura de sobrecarga alguna de acuerdo a la costumbre habitual de los comerciantes, ya que no perseguimos el lucro, sino una medida correcta.*

Repoblación de las tierras abandonadas

El cabildo era propietario de bienes rurales que representaban un tercio de la superficie de Warmia, mientras las restantes tierras pertenecían al obispado. Cuando Copérnico estuvo administrando las que correspondían al cabildo, continuó la política de la revalorización intensiva de los terrenos devastados por la guerra contra la Orden Teutónica. La preocupación por poner en explotación las tierras, la traída de colonos, su asentamiento en las aldeas, los intercambios con las economías campesinas, el cuidado del cultivo de las zonas repobladas, eran cuestiones que pesaban sobre sus hombros de administrador.

No dudaba en estimular a los colonos para que ocupasen las granjas abandonadas por los antiguos arrendatarios. Para ello regalaba caballos y vacas. El profesor Marian Biskup ofrece las actividades de Copérnico en este terreno:

"Sobre todo efectuaba entrega al nuevo usuario de lo que se denominaba 'inventario vivo' (caballos, bueyes, vacas, cerdos, etc.) y también del 'inventario muerto' (los aperos agrícolas). Añadía cereales o semillas para la siembra, entre las que podían encontrarse las del lino. Además otorgaba una especie de exenciones, con lo que se le liberaba temporalmente al colono del pago del arrendamiento anual y de las prestaciones personales, a las que se daba el nombre de 'szarwark' ('hacendera'). Por lo general la exención cubría unos tres o cuatro años. En estos convenios debían intervenir obligatoriamente unos fiadores, los cuales podían ser el alcalde o los campesinos de la vecindad, en ocasiones los familiares del mismo colono, para garantizar con solvencia que éste no abandonaría la hacienda que se le estaba confiando. En caso contrario, es decir al producirse el abandono, los fiadores se comprometían a encargarse de la explotación, asumiendo todas las obligaciones que la gravaban, hasta el momento del asentamiento de un nuevo colono. La intervención de los fiadores viene a demostrar la prudencia de Copérnico en su función de administrador."

Todos estos trabajos imponían encontrarse en las mismas propiedades, lo que nos permite ver al gran astrónomo viajando continuamente. En muchas ocasiones lo hacía en compañía de su paje Hieromin y de su fiel criado Wojciech Szebulski. Cuando la situación lo requería, también solicitaba la ayuda del capellán del castillo de Olsztyn o del burgrave de la fortaleza de Pieniezno. En el término de tres años levantó sesenta actas.

Un valeroso estratega

Los hombres de verdad se prueban en los momentos críticos. Creemos que jamás llegó a imaginar nadie que Copérnico pudiera comportarse como un valeroso estratega. A lo largo de las continuas guerras contra la Orden Teutónica, muchas veces se solicitó su consejo en los conflictos fronterizos, todos los cuales se presentaban al firmar la paz. Llegó a tomar parte en las negociaciones con el gran maestre de la Orden, Albrecht Hohenzollern.

En 1520, había llegado a Olsztyn como jefe principal del cabildo y de la resistencia. Cuando los ejércitos teutónicos se acercaban al castillo, la mayoría de los canónigos huyeron. Esto supuso que Copérnico se viera obligado a tomar el mando. La situación no podía ser más crítica.

Los ejércitos de la Orden se esparcían cada vez más por toda Warmia. El obispo Fabián Luzjanski, auxiliado por destacamentos polacos mandados por el capitán Jakub Secygniewski, resistía valerosamente en Lidzbark; pero, con la caída de Dobre Miasto, la amenaza se cernía sobre Olsztyn, cuya guarnición militar se componía tan sólo de unos cien polacos armados bajo el mando de Pawel Doluski. Una situación que obligó a Copérnico a escribir una carta al rey Segismundo I solicitando ayuda:

Alteza, Señor y Soberano: Deseamos encomendar nuestros sumisos servicios a Vuestra Santa Majestad. Anoche los enemigos de Vuestra Majestad Real ocuparon la ciudad Dobre Miasto, bastante bien protegida por sus murallas, pero que no disponía de la guarnición suficiente. Con este motivo nos asalta una justa inquietud, ya que tampoco nosotros nos consideramos a salvo de tales ataques y tememos que los enemigos, que ya están próximos, no tardarán en cercarnos también. Con nosotros se encuentra el señor Pawel Doluski, de noble cuna, con apenas 100 hombres armados. A instancias nuestras escribió hace unos días al digno señor Jakub Secygniewski, comandante de Vuestra Majestad Real en Lidzbark, para que nos enviara auxilios. Lo mismo hicieron los de Dobre Miasto. Sin embargo, nada conseguimos. Pues nos respondió que él mismo tenía demasiada poca gente para poder enviarnos más todavía. Somos conscientes de que el peligro amenaza también a Lidzbark, al igual que a todo el obispado de Warmia. Por eso suplicamos humildemente a Vuestra Santa Majestad que se digne acudir cuanto antes en nuestro auxilio y nos apoye efizcamente, ya que deseamos hacer todo lo que corresponde a personas nobles y honradas, adictas totalmente a Vuestra Majestad, aunque tuviéramos que perder la vida. Nos refugiamos bajo el amparo de esta Majestad a la que nos encomendamos y confiamos la totalidad de nuestros bienes y nuestras personas. Dado en Olsztyn a 16 de octubre de 1520.

De esta Santa y Real Majestad quedamos sinceramente adictos servidores, canónigos y cabildo de la iglesia de Warmia.

A Su Majestad Soberano y Señor, Don Segismundo, Rey de Polonia por la gracia de Dios, Gran Duque de Lituania, Señor y Heredero de Rusia y Prusia.

No obstante, esta misiva fue interceptada por la Orden Teutónica, en cuyos archivos se encuentra actualmente. Por eso conocemos que fue escrita por Copérnico. También tenemos noticia de que el ejército enemigo superó la primera barrera de la ciudad. Y cuando avanzaba por una gran explanada, convencido de su victoria, se fue a encontrar con que los defensores polacos le estaban esperando tras una segunda muralla. Y poco tardaron en retirarse asustados por el número de bajas que estaban sufriendo.

La estrategia ideada por Copérnico, en base a una pequeña resistencia que, al ser superada por el enemigo, le lleva a la perdición no era original; pero sirvió para que la fama del canónigo de Warmia adquiriese unas dimensiones heroicas.

Por otra parte, llegó la ayuda del ejército real, gracias a la intervención del obispo Luzjanski ante el rey Segismundo I, por medio de Janúzs Swierczowki de Elblag. Ante el temor de un contraataque, Copérnico había preparado la defensa del castillo, pues reforzó las fortificaciones, proveyó la plaza de armas y víveres y la organizó de tal modo que, aunque las tropas teutónicas lograsen forzar de nuevo la puerta de la entrada, debieran renunciar a su propósito de conquistar el castillo y la ciudad.

Copérnico ante la Reforma

Tres años permaneció Copérnico en el castillo de Olsztyn. Su actividad puede ser considerada agotadora, ya que mantuvo la defensa del lugar hasta que se firmó el nuevo tratado de paz, realizó cientos de viajes para alentar a los colonos, vigiló los abastecimientos, se cuidó de que en todas las iglesias se celebraran los oficios religiosos y procuró que no faltase comida ni agua en ningún rincón.

Mientras tanto el mundo seguía evolucionando. En 1517, Martín Lutero anunció a toda Europa desde Wittenberg sus famosas noventa y cuatro tesis. A partir de sus comienzos mismos, la rebeldía luterana se extendió rápidamente a la Prusia oriental y tocó las puertas de Polonia. El Gran Maestre de la Orden Teutónica aprovechó la ocasión para nombrarse Duque de Prusia. El corrompido feudo eclesiástico que le seguía pretendió obtener un Estado secular.

Esto ocurría en la vecina localidad de Ermland, ante las narices del Capítulo de Frauenburg. Una situación que nos permite comprender que Copérnico se vio en seguida enfrentado a la explosiva Reforma, que resultaba más política que religiosa. Entre el sector de Prusia definitivamente protestante y el que mantenía la fe católica, la pequeña Ermland se convirtió en tierra de nadie. Su problema era decidir a cuál de los dos campos debía pertenecer.

Los canónigos se encontraron ante una espinosa decisión, especialmente un economista como Copérnico. Se hallaba demasiado relacionado con Ermland. Lo que se discutía y vaticinaba en los corros de la gente culta apenas tenía que ver con la religión, pero sí muchísimo con la política.

La pequeña Ermland era una cuña neutral entre dos poderosos enemigos: la Prusia definitivamente luterana y la Polonia católica hasta los tuétanos. Afiliarse a la Reforma significaba para Ermland hacerse prusiana, y permanecer en la fe tradicional implicaba la necesidad de asociarse e integrarse a Polonia. Los ermlandeses optaron por lo último. Después de todo, más valía mal conocido que bueno por conocer. Por supuesto, la decisión de ser protestante o católico no dependía del individuo. En lo tocante a la confesión religiosa regía el férreo principio: "Cuyus regio, eius religio." La religión del pueblo era impuesta por quien mandaba.

Martín Lutero conmocionó el mundo con su Reforma protestante.

¿Cómo actuaron los obispos de Warmia?

El obispo que sucedió a Lucas Watzenrode, desde una posición cuidadosamente neutral, miraba al luteranismo con cierta simpatía: tenía de Lutero la opinión de que "era un monje ilustrado que interpretaba a su modo las Sagradas Escrituras".

Pero su sucesor, el obispo Ferber, desató una violenta campaña antiluterana. Mientras esto acontecía en Ermland, el obispo de la vecina Samland recomendaba los escritos de Lutero. Y hasta ordenó a los curas que predicasen y bautizaran en alemán.

La confusión religiosa era total; los intereses políticos avivaban el fuego. El canónigo Giese, desconcertado y con tono desesperado, escribió:

"Mirad cómo todo el mundo se ha visto arrastrado a la lucha y salvaje matanza. Y todas las iglesias caen en el abuso como si Cristo, al retornar a los cielos, nos hubiera legado no la paz, sino la guerra."

Apenas habían pasado unos cinco años desde que estallara la Reforma en Wittemberg. En Ermland, la discusión religiosa no era de índole académica. Más bien colocaba a los hombres que decidían la suerte territorial del obispado ante alternativas duras y precisas: el Papa o Lutero; la Prusia protestante o la Polonia católica. Lamentablemente, la Biblia la leían en Ermland de una manera y en Samland de otra.

Copérnico quiso mostrarse indiferente

Cada soberano, señor feudal, rey o príncipe, parecía tener su Espíritu Santo propio y personal. Entre 1520 y 1530 el tema de la Reforma se hallaba permanentemente sobre el tapete en el Capítulo de Frombork, tanto en las sesiones oficiales como en las reuniones privadas y conversaciones confidenciales.

En 1526 publicó Giese un pequeño libro, cuya intención era llamar a la razón al obispo de Samland, la diócesis más próxima, quien se había decidido por Prusia, pasando a la fe luterana. Más que todo era un mensaje de tolerancia y de conciliación. Como si realizara en pequeño lo que Erasmo practicaba en grande. El libro tenía como prefacio una carta que escribía el autor a un amigo suyo, el canónigo Reich: le pedía la mutua amistad y que no confundiese su claro criterio cuando juzgase el escrito. Esto, seguía diciendo, le había pasado a Nicolás Copérnico, de mentalidad tan segura en otros aspectos y quien le había urgido con insistencia a que publicara el libro.

Es lo que sabemos que pensaba Copérnico sobre la Reforma. No obstante, podemos tener la certeza de que por temperamento, historial familiar y larga permanencia en Italia, sus preferencias eran la vieja religión de Roma, en cuyo seno había nacido y deseaba morir. También la asistían para pensar así poderosos motivos políticos: el cambio de fe religiosa no significaba en aquellos momentos que los prusianos fueran menos belicosos y rapaces.

Si bien en 1519 Ermland fue invadida por la soldadesca de Polonia y de Prusia, ésta era más devastadora. Polonia suponía el mal menor. Además, significaba para Copérnico la tierra de sus antepasados, lo cual le vinculaba sentimentalmente más a los polacos que a los teutones.

En cuanto astrónomo y creador del sistema heliocéntrico, la lucha religiosa no le afectaba y le era indiferente. Lo que interesaba a los católicos y luteranos era la nueva repartición del dominio terrestre y de sus zonas de influencia. Esto no tenía nada que ver con lo que acontecía en el cielo.

CAPÍTULO VIII

"DE REVOLUTIONIBUS", LA GRAN OBRA

Mientras tanto el mundo seguía avanzando

En los años siguientes, cuando Copérnico estaba preparando la defensa de Olsztyn contra la Orden Teutónica, ocurrieron acontecimientos que ensancharon los límites del mundo y del conocimiento humano de entonces. El portugués Fernando Magallanes dio la vuelta a América del Sur a través del estrecho que lleva su nombre y, aunque murió en la empresa, la tripulación de su barco, comandada por Sebastián Elcano, volvió a Europa después de navegar alrededor del mundo y haber probado la redondez de la Tierra. Las ciencias geográficas y las naturales empezaron a desarrollarse como nunca hasta entonces.

La guerra contra la Orden Teutónica acabó en 1521 con un armisticio. Copérnico renunció a su cargo de administrador de los bienes comunes del cabildo de Warmia. Entonces se le concedió el empleo de comisario, con lo que recayó sobre sus espaldas el deber de poner en orden los asuntos de todo el Estado, que se hallaba en situación muy delicada. Así las dignidades y obligaciones siguieron ocupándole por algún tiempo.

Una controversia astronómica

A pesar de tantas actividades, Copérnico siguió sus observaciones del cielo; la lectura de obras como el "Almagesto", de Tolomeo, la confrontación de las opiniones, cálculo y meditaciones, y su correspondencia con los amigos de Cracovia.

En 1524 Bernard Wapowski le mandó desde Cracovia el tratado de Juan Werner, un astrónomo de Nuremberg, "De motu octavas esphaerae" ("Sobre el movimiento de la octava esfera"), que había sido publicado dos años antes. No hay ninguna duda de que el canónigo de Warmia lo leyó a conciencia, debido a que poco tardó en ofrecer su opinión sobre el mismo: le disgustaba profundamente que se criticara a los autores griegos, debido a que éstos abrieron el camino de la ciencia, sin que importara que estuviesen equivocados.

Su carta era un verdadero tratado astronómico, por lo que se hicieron varias copias, una de las cuales volvió a llegar a las manos del danés Tycho Brahe. Y éste se cuidó de resaltar un pasaje de la misma, ya que lo consideró ejemplar:

"Hay que dar gracias no sólo a aquellos filósofos que hablaban con acierto, sino también a los que decían cosas injustas, ya que el conocimiento de caminos erróneos no pocas veces ha resultado útil a los que querían seguir por rutas verdaderas."

Candidato a obispo

Al mismo tiempo Copérnico continuaba la elaboración de su gran obra, la cual llegó a su final en 1530. Desde entonces se dedicó a completarla, añadirle nuevas ideas y observaciones. Una tarea que no interrumpió hasta el final de su vida. Seguía también dedicado a los asuntos públicos, cuidaba a los enfermos y desempeñaba cargos de responsabilidad en el cabildo.

En 1537, fue uno de los cuatro candidatos para suceder al obispo Ferber en la silla de Warmia. La elección recayó en Jan Dantyszek, favorito del rey, que a su vez era apoyado por la mayoría del cabildo y por el mismo Copérnico.

"De revolutionibus"

Ha llegado el momento de hablar de la gran obra: "De revolutionibus", cuyo original se conserva en la biblioteca de la

NICOLAI CO-
PERNICI TORVNENSIS
DE REVOLVTIONIBVS ORBI-
um cœlestium, Libri VI.

Habes in hoc opere iam recens nato, & ædito,
studiose lector, Motus stellarum, tam fixarum,
quàm erraticarum, cum ex ueteribus, tum etiam
ex recentibus obseruationibus restitutos: & no-
uis insuper ac admirabilibus hypothesibus or-
natos. Habes etiam Tabulas expeditissimas, ex
quibus eosdem ad quoduis tempus quàm facilli
me calculare poteris. Igitur eme, lege, fruere.

ἀγεωμέτρητος οὐδεὶς εἰσίτω.

Norimbergæ ar d Ioh. Petreium,
Anno M. D. XLIII.

*Portada de la primera edición del libro "De revolutionibus
orbium coelestium". Un ejemplar se conserva en la biblioteca
de la Universidad de Cracovia.*

Universidad Jagelona de Cracovia. La que le permitiría a Copérnico revolucionar las ideas que se mantenían sobre la Tierra, el Sol, los planetas y todo el Universo. En la introducción ofreció esta hermosa descripción de la astronomía:

Entre las numerosas y diversas artes y ciencias que despiertan nuestra afición y sirven de alimento a las mentes humanas, conviene dedicarse sobre todo, según mi parecer, a las que practicándolas con el mayor entusiasmo se cuentan entre las más bellas y más dignas del conocimiento y que se ocupan de las maravillosas revoluciones y trayectorias de los astros del Universo, de sus tamaños y distancias, de sus salidas y puestas, y también de las causas de todos los fenómenos del cielo que, finalmente, explican la totalidad del sistema del mundo. Pues, ¿hay algo más hermoso que este cielo que abarca todo lo bello? Lo prueban sus mismos nombres como coelum *(cielo) y* mundus *(mundo), de los que éste significa pureza y adorno, y aquél obra de escultor.*

Muchos filósofos, movidos precisamente por esa extraordinaria belleza del cielo, se atrevieron a llamarlo sin rodeos divinidad visible. Por tanto, si tenemos que apreciar la dignidad de las ciencias en consideración a su objeto, será sin comparación alguna la primera entre ellas la que unos llaman astronomía, otros astrología, y muchos de los antiguos, cumbre de las matemáticas. Y ello no es de extrañar, ya que precisamente esta ciencia, siendo la cabeza de las artes liberales y la más digna de un hombre de noble pensamiento, se apoya en casi todas las ramas de las matemáticas: aritmética, geometría, óptica, geodesia, mecánica y las que aún pueda haber, pues todas entran en ella. Y si la tarea de las artes nobles es apartar al hombre del mal y dirigir su mente hacia un mayor perfeccionamiento, esta ciencia, además de proporcionar un gozo inconcebible para el intelecto, puede realizarla en medida más amplia que las demás...

Debe extenderse el estudio

Es misión de todas las buenas artes eliminar los vicios y proyectar el pensamiento de los hombres hasta lo ideal. Debe obtenerse esto con gran facilidad y con un goce infinito del espíritu. Pues, ¿quién se atrevería, apoyándose en lo que ha sido considerado el perfecto orden, dirigido por la providencia divina, por medio de la habitual observación y cierta costumbre para estas cosas, no sentirse inclinado por lo mejor y, a la vez, reconocer la maravillosa labor del creador de todo, en la que se encuentra la dicha y el bien completo?

Pues, provechosamente, aquel salmista divino reconocería: gozoso me siento por la labor de Dios e impresionado por la labor de sus manos. Hemos de reconocer que, a través de esas cuestiones celestes que considero una especie de vehículo, nos vemos conducidos a la observación del bien supremo. Ya Platón llamó nuestra atención, con gran acierto, la utilidad y el adorno que proporciona la República (dejando a un lado las numerosas ventajas para las gentes). Éste, en las páginas del séptimo libro de sus acertadas Leyes, estima que ha de ampliarse (el estudio), con el fin de que su ayuda se mantenga activa y vigilante la ciudad, en relación a la armonía de los días, los tiempos que componen los meses y años, teniendo en cuenta las fiestas solemnes y también los sacramentos, y si (dice) alguien se atreve a negar su necesidad para el hombre deseoso de aprender una cualquiera de las consideradas altas doctrinas, mostraría una alta estulticia. Por eso considero que falta mucho para que un hombre pueda llegar a ser o no considerado divino, especialmente si carece de los conocimientos imprescindibles sobre el Sol, la Luna o los demás astros.

Un planteamiento distinto al de sus predecesores

Pero a esta ciencia, que estimo más divina que humana, mediante la cual se investigan asuntos de enorme altura, no le faltan dificultades, especialmente en los fundamentos y en las suposiciones, en eso que los griegos llamaron hipótesis. Hemos

115

podido comprobar que muchos que se propusieron tratarlos se mostraron contrarios y hasta se negaron a servirse de los mismos cálculos. Además, el desplazamiento de los astros y la revolución de las estrellas nunca ha podido definirse con unos números precisos, ni concentrarse en un pensamiento exacto, si no es con bastante tiempo y con un gran número de observaciones efectuadas de antemano, por medio de las cuales, como podré demostrar, se ofrecen a la posterioridad para que sea enseñado.

Pues, a pesar de que C. Tolomeo, el Alejandrino, que sobresale por encima de todos los demás debido a su elogiable ingenio y meticulosidad, condujo toda esta ciencia a su cima más alta por medio de las observaciones, a lo largo de cuatrocientos años largos, de tal forma que parecía no echar en falta nada que él no hubiese tocado.

No obstante, se puede comprobar que infinidad de cuestiones no responden a esos movimientos que nos proporcionan sus enseñanzas, ni con algunos otros movimientos descubiertos posteriormente, que él no pudo conocer. Por esta causa, hasta Plutarco, al mencionar el giro anual del Sol, comentaba: hoy día el movimiento de los astros ha superado la habilidad de los matemáticos. Tenía razón. Si nos fijamos en lo que ha venido sucediendo hasta hoy, podemos estimar que han resultado tan distintas las teorías, que son muchos los que consideraron la imposibilidad de hallar un cálculo perfecto del mismo. De esta manera, con la gracia de Dios, sin cuya ayuda nada podemos conseguir, pretendo investigar con mayor amplitud estos temas respecto a las demás estrellas. Poseo detalles que apoyan nuestra fe, debido al intervalo más amplio de tiempo entre nosotros y los creadores antiguos de este arte, cuyos descubrimientos vamos a comparar con los nuestros. Reconozco que me dispongo a exponer un gran número de cuestiones de una forma muy distinta a como lo hicieron mis predecesores, aunque no dudaré en apoyarme en ellos, debido a que abrieron por vez primera las puertas de la investigación de estos asuntos.

El mundo esférico...

Uno de los encabezamientos "De revolutionibus" se adornaba con esta sabia definición:

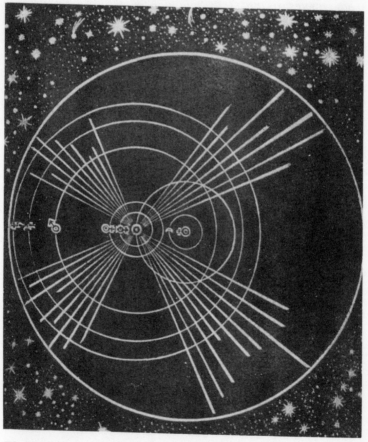

El sistema copernicano del universo de acuerdo a un dibujo de la época.

... Ante todo debemos prestar atención al hecho de que el mundo es esférico. Y ello por ser ésta la forma más perfecta de todas y no necesitar junta alguna por formar un todo cerrado en sí, al que ni añadir ni quitar nada es posible, o bien por ser esta figura de máxima capacidad y la que más conviene precisamente para todo lo que debe abarcar y conservar, y también porque todos los cuerpos del universo encerrados en sí, como el Sol, la Luna y los planetas, justamente bajo esta forma se presentan a nuestros ojos; o bien, finalmente, porque todo tiende a encerrarse en una de las formas que se pueden observar en las gotas de agua u otros cuerpos líquidos cuando por sí mismos tratan de encerrarse en un todo separado...

También la Tierra es esférica, debido a que por todas partes se apoya en el centro. Sin embargo, su esfericidad no se aprecia al momento perfecta por la gran elevación de las montañas y la extensión de los valles, a pesar de lo cual alteran escasamente la redondez total de la Tierra. Esto se puede demostrar de la siguiente manera. Si caminamos hacia el Norte, tomando cualquier rumbo, el vértice de la revolución nocturna se eleva lentamente, bajando al otro lado por el contrario en una proporción parecida. E infinidad de estrellas alrededor del septentrión parece que nunca se pusieran, a la vez que las correspondientes al punto austral se diría que no salen jamás.

Esto lo podemos comprobar en Italia, donde no se ve Canopus, que es visible desde Egipto. Pero en Italia se observa la última estrella de Fluvius, que no se conoce en nuestra región de un clima más frío. Todo lo contrario les sucede a todos los que viajan hacia el Sur, pues creen que aquéllas se elevan. Además, las inclinaciones de los polos, si las comparamos con las zonas medidas de la Tierra, permiten saber que el fenómeno responde a la esfericidad de la Tierra. Lo anterior prueba que la Tierra se halla formada por sus vértices y, por tanto, es esférica.

Añadiré también que los habitantes de Oriente no observan los eclipses vespertinos del Sol y de la Luna, ni los que viven hacia el ocaso los matutinos. Los eclipses medios aquéllos

los *ven más tarde y éstos pronto. También se deduce porque las aguas surcadas por los marinos componen esta imagen: los que no pueden contemplar la tierra desde la embarcación, podrían verla si subieran a la zona más alta del mástil. Mientras que desde la tierra, los que permanecen en la costa tienen la sensación de que la nave se empequeñece lentamente al avanzar, hasta que por último se oculta en el horizonte, igual que si se pusiera. Ha podido demostrarse que las aguas, al fluir por la naturaleza, siempre se dirigen hacia las zonas bajas, y nunca se elevan desde el litoral hasta posiciones anteriores, más allá de lo que la convexidad consiente. Por estas causas debe aceptarse que la tierra parece ser tanto más elevada cuando emerge sobre el océano.*

La gravitación universal

En esta obra magistral nos encontramos con verdaderas intuiciones como ésta:

... Aunque el movimiento de los cuerpos celestes es uniforme, circular y continuo, o bien compuesto de movimientos circulares; sin embargo, se nos presenta como desigual, bien por la distinta situación de los polos de estos círculos o bien porque la Tierra no se halla en el centro de los círculos descritos por aquellos cuerpos; a nosotros, que observamos desde la Tierra los trayectos de esos planetas, nos parecen más bien casuales, es decir, debido a las distancias desiguales, mayores cuando están más próximos que cuando se encuentran más alejados, de acuerdo con lo que demuestra la óptica. De este modo los movimientos realizados en tiempos iguales sobre arcos de círculos iguales entre sí parecerán, debido a la diferente distancia que los separa de la vista, desiguales...

... Ante todo debemos examinar detalladamente cuál es la situación de la Tierra respecto al cielo para que —por querer seguir lo superior—, no permanezcamos ignorantes de cosas más próximas a nosotros, y a causa de este mismo error no atribuyamos a los cuerpos celestes lo que es propio de la Tierra...

... Los cuerpos que se elevan hacia arriba o caen hacia abajo, incluso sin tener en cuenta el movimiento circular, no ejecutan un movimiento simple, uniforme y regular. Pues por su misma ligereza o por el ímpetu de su peso no pueden estabilizarse. Así, todo lo que cae, al principio tiene un movimiento lento, pero a medida que continúa cayendo aumenta su velocidad...

Esto lo convertiría Galileo en una ley física muchos años después. También se anticipó Copérnico a la hipótesis de la gravitación universal, a la vez que exponía el movimiento de la Tierra y los cambios de estación en función de su desplazamiento anual. Y al llegar a la definición del Sol realizó el siguiente planteamiento:

... En el centro de todos ellos (astros y planetas) tiene su sede el Sol. ¿Podríamos acaso colocar el fuego de este bellísimo templo en un lugar distinto a mejor que éste, desde donde puede iluminar todo simultáneamente? No sin razón lo llaman algunos el faro del mundo, otros su cerebro y unos terceros su soberano. Trismegisto lo denominó el dios visible, la Electra de Sófocles: el que lo ve todo. De este modo el Sol, como si de veras se sentara en el trono real, dirige la familia de los planetas que se afanan a su alrededor...

... Está pues claro, cómo estos dos movimientos, es decir el movimiento del centro de la Tierra y el de su inclinación, que mutuamente se contrarían, obligan al eje terrestre a permanecer en la misma posición y dirección y son causa de que todo dé la impresión de ser movimiento del Sol...

... Para describir los movimientos anuales del centro de la Tierra y del movimiento de inclinación, que son equivalentes sólo en apariencia, y para relatar los esfuerzos de mis predecesores que aceptaban las tesis del movimientos de los astros fijos, debo decir que no alcanzaron la meta que nosotros esperamos conseguir por haber aceptado el movimiento de la Tierra; ahora

En el museo de Frombork se conserva esta representación
astrológica del cielo de Polonia.

nos vamos a servir de este movimiento como base principal para explicar otros movimientos...

El movimiento de la Tierra

En el capítulo V Copérnico presentaba el problema del movimiento de la Tierra:

Ya quedó pues demostrado que también la Tierra tiene forma de globo, y pienso que ahora hay que ver si también de su forma se deriva su movimiento y qué lugar tiene en el universo, sin lo cual no puede encontrarse una razón cierta de los movimientos que aparecen en los cielos. Muchos autores convienen en que la Tierra descansa en medio del universo, y consideran este punto inopinable y hasta creen ridículo pensar lo contrario.

No obstante, si atentamente examinamos el asunto, veremos que esta cuestión no se halla todavía resuelta y que de ninguna manera es despreciable. Porque todo lo que se ve de aparente cambio de lugar, se debe al movimiento de la cosa observada o del observador o de los movimientos necesariamente dispares de ambos. Porque cuando avanzan a la vez de igual modo, no se percibe movimiento relativo entre la cosa vista y el espectador. Y desde la Tierra es donde todo el circuito celestial se contempla y se presenta a nuestra vista. Por tanto, si se le concede a la Tierra algún movimiento, el mismo aparecerá en el universo que hay fuera, pero en sentido inverso, como si las cosas pasaran por arriba. Así se observa en primer lugar en la revolución cotidiana. Este movimiento parece arrastrar a todo el mundo, menos a la Tierra y a lo que se encuentra cerca de ella. Y si admitimos que el cielo no interviene en nada de este movimiento, y que la Tierra da vuelta de Occidente a Oriente, tanto el orto como el ocaso del Sol y la Luna, atentamente considerados, quedarían bien explicados.

La Tierra no es el centro de los cielos

Supuesto lo anterior, siguen otras cosas y una duda no menor sobre el lugar de la Tierra, aunque ya es aceptado, generalmente por todos, que se encuentra en el centro del mundo.

Porque si alguien negara que la Tierra ocupa el lugar medio central del mundo, es posible que no admitiese que la distancia a dicho centro sea comparable a las dimensiones de la esfera de las estrellas no errantes, aunque lo considere evidente respecto de las órbitas del Sol y de los planetas, y juzgaría, por lo mismo, que los movimientos de éstos parecieran diversos, como si fueran regulados por otro centro diferente del de la Tierra, lo que podría proporcionar razones adecuadas sobre el aparente desplazamiento irregular. El que los astros errantes aparezcan, a veces, más cerca de la Tierra y en otras ocasiones estén más lejos, argumenta necesariamente a favor de que la Tierra no es el centro de los cielos. Lo que no está todavía aclarado es si la Tierra se acerca y se aleja de ellos, o ellos de la Tierra. Y tampoco sería sorprendente si alguien opinara que la Tierra posee algún otro movimiento además de su revolución cotidiana. De hecho, a Filolao el Pitagórico se le atribuye haber mantenido que la Tierra giraba en un círculo, vagaba con otros movimientos y era uno de los planetas...

La Tierra puede ser un astro errante

Puesto que nadie se opone a la movilidad de la Tierra, me parece que se debe ver ahora si también le pueden convenir otros movimientos, de modo que pueda ser considerada como astro errante. Que no es el centro de todas las revoluciones, lo declara el movimiento aparente desigual de los planetas y sus distancias variables a la Tierra, que no podrían entenderse si sus círculos estuvieran como homocentro a la Tierra. Por tanto, si existen muchos centros, no es temerario dudar si el centro de gravedad de la Tierra será el centro del mundo en lugar de algún otro. Yo mismo pienso que la gravedad no es otra cosa que cierta propensión natural de las partes, implantada por la divina providencia del Artífice universal, para buscar su unidad e integridad, atraídas para juntarse en forma de globo. Cuya propiedad es muy creíble que también la posean el Sol, la Luna y otros planetas resplandecientes, para que por su eficacia conserven la redondez en que se nos presentan, aunque, sin embar-

123

go, realicen sus movimientos circulares de muchos modos diferentes. *Porque si la Tierra también posee otros movimientos diferentes del giro alrededor de su centro, es necesario que sean similares a los que aparecen en el exterior, en muchos cuerpos celestes, y que encontremos el circuito anual.*

Porque si cambiasen de solares a terrestres y se concediera inmovilidad al Sol, los ortos y los ocasos de los signos y de las estrellas fijas que las convierten en matutinas o vespertinas, aparecerían del mismo modo, y observaríamos las detenciones, retrocesos y avances de las errantes, no como propios, sino como un movimiento de la Tierra, que cambia sus apariencias.

El más importante capítulo del libro primero

... Que la magnitud del mundo es tal, que aunque la distancia de la Tierra al Sol en relación con cualquier otra esfera planetaria es bastante manifiesta, resulta imperceptible respecto a la esfera de las estrellas fijas. Encuentro más fácil admitir eso, que con aquella casi infinita multitud de esferas distraen el entendimiento, como están obligados a hacer los que destinaron a la Tierra como centro del mundo. Pero es de creer más bien en la sagacidad de la naturaleza, que así como evita con gran cuidado producir lo superfluo y lo inútil, prefiere, a menudo, dotar a una cosa con muchos efectos.

Todo lo cual son asuntos muy difíciles y casi inopinables y contra las ideas de muchos; sin embargo, con la ayuda de Dios, las haremos más claras que la luz del Sol, al menos para aquellos que no ignoran el arte de las matemáticas. Por tanto, si la primera ley es todavía válida (porque nadie podrá alegar un método más conveniente para medir la magnitud de las órbitas que la duración del tiempo), el orden de las esferas es el siguiente, comenzando por el más elevado.

La primera y más alta de todas es la esfera de las estrellas fijas, que, conteniéndose a sí misma y a todo lo demás, es por eso inmóvil y en el lugar del universo, adonde se refiere el movimiento y la posición de todas las otras estrellas. Porque al

contrario de lo que otros juzgan, que también ella cambia, noso-
tros asignaremos a esa apariencia otra causa al hacer la deduc-
ción del movimiento terrestre. Sigue Saturno, el primero de los
astros errantes, que completa su circuito en 30 años. Después
viene Júpiter con su revolución de 12 años. Luego Marte, que
da su vuelta en dos años. El cuarto lugar en orden lo tiene la
Tierra, por hacer su revolución en un año con la órbita lunar
contenida como epiciclo. El quinto corresponde a Venus, que
regresa en nueve meses. El sexto y último sitio lo ocupa
Mercurio, que completa su giro en un período de 80 días. Y en
el centro de todos reposa el Sol.

(...) Porque encontramos bajo este orden una admirable
simetría del mundo y un seguro nexo de armonía en el movi-
miento y magnitud de las esferas, que en otra parte no puede
hallarse. Y ahora séame permitido advertir, a los observadores
cuidadosos, por qué aparece mayor el progreso y regreso en
Júpiter que en Saturno y menor que en Marte, y, a su vez, mayor
en Venus que en Mercurio. Y por qué estos eventos recíprocos se
ven más a menudo en Saturno que en Júpiter y son aún menos
frecuentes en Marte y Venus que en Mercurio. Además, cuál es
el motivo de que cuando Saturno, Júpiter y Marte son acrónicos
(están en oposición), se encuentran más próximos a la Tierra
que cuando se acerca su ocultación y reaparición. Pero igual-
mente Marte, cuando está en oposición al Sol, parece ser igual
en magnitud a Júpiter (se distingue de él sólo por su color roji-
zo), pero cuando se descubre por observación cuidadosa con un
sextante, se encuentra con dificultad entre las estrellas de
segunda magnitud. Todas estas cosas proceden de la misma
causa, o sea del movimiento de la Tierra.

Además de los movimientos cotidianos y anuales de la
Tierra, Copérnico presentó y aclaró el tercer tipo de movimiento —el fenómeno de la precesión—. Los siguientes capítulos de
la obra contienen la demostración matemática precisa de los teoremas expuestos para la interpretación de este material.

Otro enfoque del cielo y la naturaleza

El descubrimiento de los tres movimientos de la Tierra por Copérnico dio la clave, no sólo para la profundización de los conocimientos sobre el sistema solar, sino que también inició todo un nuevo período en las investigaciones de la naturaleza. La igualación de la Tierra con los demás planetas permitió el posterior desarrollo de la física, cuyas leyes son idénticas no sólo en la tierra, sino también en otros cuerpos celestes. Gracias a la teoría de Copérnico, la ciencia se vio liberada de la costumbre de tratar a la Tierra como el punto central del universo.

Para la astronomía la aportación de Copérnico resolvió varios problemas y enigmas. La astronomía geocéntrica que le atribuía al Sol y a todos los planetas el hecho de girar alrededor de la Tierra, debió aclarar las interferencias observadas, es decir, retroceder y acelerar los planetas con ayuda de una particular construcción geométrica (los epiciclos). Cada planeta tenía su propio epiciclo y las dimensiones de su órbita quedaban indeterminadas. El descubrimiento de que precisamente los movimientos de la Tierra son los causantes de las interferencias y que los epiciclos planetarios constituyen el reflejo de la órbita de la Tierra, facilitó a Copérnico poder anunciar la verdadera descripción del sistema solar, en el cual el orden y las dimensiones de las órbitas planetarias corresponden a las reales.

CAPÍTULO IX

MIENTRAS LA GRAN OBRA ESPERABA

Sabía que estaba bordeando la herejía

El gran astrónomo había calculado la latitud geográfica de Frombork con una precisión que hoy día nos asombra. Conocía exactamente el comienzo del equinoccio de primavera, al tomar como punto de referencia la estrella alfa Virginia. Sabía colocar el Sol en el signo de Tauro y en el de Leo cuando se aproximaba el equinoccio de otoño.

Sus conocimientos sobre el cielo eran equiparables a los que tenía sobre lo que sucedía en la Tierra. Nos referimos al terreno de la política y la religión. Le habían enseñado que la teología era la reina de las ciencias, ante la cual todas las demás debían mostrarse como unas sumisas esclavas. Y dentro de tal grado de veneración la mística se hallaba en contradicción con los descubrimientos unidos a la lógica y a la experimentación. Quien pretendiese ir en contra de estas reglas tan estrictas podía ser acusado de herejía.

Un riesgo al que Copérnico se sometió voluntariamente, porque le importaba más demostrar lo que acababa de descubrir. Es posible que olvidase las consecuencias de sus actos, o éstas no le importaran. Porque su papel era derrumbar todas las teorías establecidas sobre el cielo y el mundo.

El diagrama mágico

En 1517 Copérnico realizó un diagrama en un recoveco de la pared, dentro de la galería menos frecuentada del castillo de Olsztyn. Se basó en el principio del reloj de reflexión. Esto le permitió seguir los movimientos de la Tierra y establecer la quietud del Sol. Janusz Pagaczews explica las ventajas de este recurso de la siguiente manera:

"... El gran paño de la pared dentro de la galería, junto a la bóveda, lo cubrió Copérnico de nuevo y lo alisó cuidadosamente. En una superficie plana de 140 por 705 cm trazó primero con grafito y luego recubrió con pinturas traídas de Italia una serie de líneas hiperbólicas. De este modo fue creado 'el cuadro solar de observación' de Copérnico, cuya construcción se basa en el método de los relojes de sol de reflexión, aplicado generalmente en gnomónica tan sólo desde el siglo XVII. Copérnico inventó, pues, el método de trazar los relojes de sol de reflexión por un sistema que nadie se cuidó de apuntar y que por esta razón quedó perdido para la ciencia (...). Feliks Przyphowski, ya en el año 1943, descubrió el específico carácter gnómico de este documento. Observó que las líneas que marcan las horas convergen en la parte inferior del trazado o sea al revés de lo que se suele practicar en un reloj de sol corriente, no de reflexión. Copérnico se sirvió de ese cuadro según el principio de la reflexión del rayo solar, cosa que se producía en un espejito instalado en el hueco de un marco de madera en el antepecho de la ventana. El hueco que dejó el espejo desaparecido fue visto aún por H. R. Hein, cura evangélico de Olsztyn, quien describió ese supuesto 'reloj de sol' de Copérnico en sus recuerdos."

La reforma de Lutero

Se diría que la Historia se desarrollaba en la misma dirección que Copérnico había evolucionado, al mismo tiempo que resaltaba todos los contrastes más peligrosos, ésos que la Iglesia consideraba sus grandes enemigos. El más grave había tenido lugar en Alemania, cuando Martín Lutero, que era profesor de dialéctica, exégesis y ética, además de doctor en teología, en la Universidad de Wittemberg se enfrentó al Papa. Ya sabemos que esto dio pie a la Reforma.

Poco tardarían en contraatacar los sectores más conservadores de la Iglesia, al otorgar mayores poderes a la Inquisición.
Cualquier alteración de las ideas fundamentales debía ser casti-
gada con la hoguera.

Catedral de Frombork. En una de sus torres pudo encontrarse
el tercer observatorio de Copérnico.

Las conquistas marítimas y geográficas

Las noticias que llegaban del otro lado del mundo podían verse como grandes conquistas de la Humanidad o como el poderío de un solo reino: el español de los Austria. Hernán Cortés había conquistado México y Pizarro el Perú. Sin olvidar a las víctimas, estas dos gestas dejaban clara la hegemonía europea en el Nuevo Mundo. Época ideal para dar plena libertad a las ideas. No obstante, la Iglesia se había vuelto demasiado cautelosa. Y hasta en el Nuevo Mundo actuaba el Santo Oficio, con el fin de que todos supieran que la religión era el poder más importante.

Mientras tanto, ya sabemos que Copérnico desempeñaba el cargo de comisario de Warmia. Como acababa de firmarse otro tratado de paz con la Orden Teutónica, a él le correspondía poner en orden todos los asuntos políticos y administrativos. Ya disponía de su propio escudo, consistente en el dios Apolo tocando la lira y llevando una túnica sobre los hombros. Al parecer lo eligió porque este dios griego representaba al Sol, a la luz y a todas las musas.

Los siguientes libros de "De revolutionibus"

Copérnico encontraba tiempo robándoselo al sueño. Las ideas bullían con tanta fuerza en su cerebro, que al pasarlas al papel se le escapaban gotitas de tinta, y no advertía los restos minúsculos de cera que caían sobre los márgenes superiores del papel. Así finalizó su libro segundo de "De revolutionibus", que dedicó a los teoremas matemáticos y a los cálculos; y el libro tercero, en el cual expuso un esbozo de la astronomía esférica junto a un catálogo de las estrellas fijas.

Los libros siguientes los dedicó a los movimientos reales y aparentes del Sol, la Tierra, la Luna y los planetas. En un principio la obra se iba a componer de siete libros, hasta que Copérnico la redujo a seis.

En 1530 quedó terminada, si bien su autor realizaría algunas modificaciones menores. Sobre lo que pudo pensar en este momento Copérnico podemos servirnos de Jeremi Wasiutynski para hacernos una idea bastante aproximada:

Cuadro de Nicolás Copérnico. Le rodean una representación de los sabios antiguos y modernos.

"Un hombre de ciencia creador no es una máquina de pensar, es una persona. Hemos de descubrir a qué obedece su conducta, qué pasión le anima, qué pena le aflige. Si llegásemos a conocer algún día la historia de las pasiones que produjeron la invención del sistema heliocéntrico, de veras estaríamos más enterados. Porque, en última instancia, el astrónomo se dirige hacia el abismo del cosmos para poner orden en los problemas de su propia alma."

El eco de la gran obra

Mientras Copérnico daba por finalizada la obra que había creado un "nuevo cielo", no dejaba de ocuparse de los enfermos, de la administración de Frombork y de otros asuntos. Meses después, el eco de sus descubrimientos ya se había extendido por media Europa.

El nombre del astrónomo polaco y sus extraordinarias enseñanzas, conocidas inicialmente por un reducido número de sabios y amigos, penetraron en la conciencia de Europa, despertando un interés creciente: amistoso en algunos casos, y crítico y condenatorio en otros.

En 1538 llegaron al Vaticano, debido a que Juan Alberto Widmanstadt, secretario personal de Clemente VII, habló sobre la "teoría copernicana respecto al movimiento de la Tierra". Afortunadamente, nadie apreció que hubiese una muestra de herejía en lo que se consideraba una hipótesis.

En 1535, visitó a Copérnico el impresor Bernard Wapowski, debido a que pretendía publicar un almanaque de acuerdo con los nuevos descubrimientos celestes. Éstos debían ser aplicados a la astrología. Como el canónigo dio su visto bueno, el almanaque se terminó poniendo a la venta. Pero no se conserva ni un solo ejemplar del mismo. Se sabe que lo tuvo en sus manos el diplomático vienés Segismundo Herberatein. Lo recibió junto a esta carta de Wopowski:

"Le envío una cosa nueva y desde hace mucho tiempo esperada por los sabios: un almanaque con los más verídicos y correctos movimientos de los planetas, muy distinto a los almanaques corrientes y calculado de acuerdo con las nuevas tablas que compuso don Nicolás Copérnico, canónigo de Warmia. Constata el hecho de que Mercurio yerra en medio signo zodiacal, y las configuraciones de los planetas difieren de los antiguos almanaques en varias semanas. Es don Nicolás un matemático muy grande y afirma que para comprobar los movimientos de los planetas hace falta reconocer a la Tierra algún movimiento; éste es su parecer desde hace muchos años y asegura que la Tierra se mueve imperceptiblemente (...). Desearía que este asunto fuese difundido sobre todo entre los conocedores de las materias celestes que componen almanaques en Alemania, para que los hicieran más correctos y confesaran su error y el de sus tablas."

El interés despertado por la nueva ciencia

Algunos de los personajes que iban teniendo noticia de los descubrimientos de Copérnico se sentían tan interesados, que no dudaban en recurrir a todos los medios posibles para ampliar su información. Esto le sucedió al cardenal Nicolás von Schonberg. A pesar de que su sede se hallaba en Padua, residía en Roma desde 1536. Comenzó a escribir al canónigo polaco para que publicara sus ideas o, al menos, le permitiese a él obtener alguna copia, ya que estaba dispuesto a pagar el dinero que se le pidiera por el trabajo del copista.

"El autor de 'De revolutionibus' merece el reconocimiento del mundo", escribía el cardenal en una de sus cartas, "y no veo otra forma mejor de conseguirlo que publicando la obra."

Su empeñó era tan grande que designó a Teodoryk de Radzyn como su apoderado, ya que formaba parte del reducido número de amigos del autor de "De revolutionibus".

La importancia de Nicolás von Schonberg

Nicolás von Schonberg jamás pudo leer en letras de molde la carta que escribiera a Copérnico antes de que se publicara la gran obra, pues murió en 1537. Este cardenal es considerado uno de los hombres más ilustres del temprano Renacimiento. Sus funciones principales eran de carácter político. Ejerció junto a tres papas: León X, Clemente VII y Pablo III. Desempeñó el cargo de representante del emperador germano, cuyos intereses solía defender contra los del rey de Francia.

Schonberg era una de las personas más informadas de su época sobre todos los progresos de la ciencia y del pensamiento. Mas que un astuto diplomático, se le debía considerar el más fiel consejero del emperador y del Papa. Nunca dejó de contar con la confianza del Vaticano, llegando al extremo de ser durante algunos años amigo íntimo de uno de los Pontífices.

De joven asistió a las disertaciones sobre astronomía heliocéntrica en la corte de León X, pues era un tema que a éste le apasionaba. A lo largo de su vida nunca dejaría de ser copernicano. Un año antes de fallecer, escribió una carta muy estimulante al astrónomo de Frombork, con este encabezamiento tan sencillo:

"Nicolás Schonberg, cardenal de Capua, envía sus saludos a Nicolás Copérnico."

Seguidamente, le felicitaba efusivamente por el descubrimiento de los movimientos celestes heliocéntricos. Después le confesaba que disponía de una información interesante:

"... Habéis escrito un tratado de astronomía sobre una teoría, enteramente nueva para máxima admiración de todos. Por este motivo, hombre ilustrado, sin desear pecar de inoportuno, os ruego muy encarecidamente que comuniquéis, lo más pronto posible, vuestras teorías sobre el universo, junto con las tablas y toda otra cosa que se refiera al tema. Di instrucciones a Dietrich von Rheden para que me hiciera una copia de esto, a expensas mías, y me la enviara. Si queréis hacerme estos favores, comprobaréis que estáis tratando con un hombre que se interesa de corazón por vos y que desea hacer plena justicia a vuestra existencia. Adiós."

La carta está fechada el primero de noviembre de 1536. El tal von Rheden a quien se refiere el cardenal era un canónigo compañero de Copérnico.

Al principio la Iglesia apoyó la nueva teoría

Entre el Capítulo de Frombork y Roma existían, como hemos podido comprobar, unos hilos de comunicación. Otro que los utilizó fue Scultete, que de joven había pasado largos años en la ciudad eterna, donde escaló los peldaños de la carrera eclesiástica hasta la dignidad de "capellán de la corte de León X".

Por supuesto, canónigos, obispos y cardenales eran entonces la flor y nata de la aristocracia. No podían ser considerados pastores para el pueblo, excepto algunos como Copérnico, ni vivían de la imitación de Cristo. La salvación de las almas de la plebe, de los campesinos y artesanos, se hallaba en manos de curas de misa y olla y hasta del clérigo vagabundo.

Volvamos a la carta de Schonberg. No fue el único documento de la época que pone de relieve un hecho curioso: Roma apoyaba a Copérnico, mientras que la Wittenberg de la Reforma luterana miraba la nueva astronomía con honda suspicacia. En la Biblioteca Nacional de Munich se conserva este manuscrito cuyo valor reside en una glosa agregada de segunda mano:

"El Sumo Pontífice Clemente VII me regaló este manuscrito en Roma en 1553, después de haberle explicado yo, en presencia del cardenal Joh. Salviato, de Joh. Petro, del obispo de Iturbo y de Matías Curtio, médico, y en los jardines del Vaticano, la doctrina de Copérnico sobre el movimiento de la Tierra. Joh. Albertus Widmanstadius."

Cierto que esto sucedió a los diez años de haberse publicado la gran obra de Copérnico. Pronto todo cambiaría trágicamente.

El obispo Tiedemann Giese

También Tiedemann Giese, el obispo de Chelmno, era partidario de que el libro de Copérnico fuese llevado a la imprenta. Los dos se habían hecho íntimos amigos. Algunos historiadores llegan a considerar esta relación como "paternal", debido a que el viejo astrónomo encontró a un hijo, a un compañero y, sobre todo, un apoyo espiritual. Además, le apasionaba la astronomía.

Giese sentía por la ciencia de los cielos la ilusión del aficionado, ya que no era matemático ni astrónomo. En seguida se dio cuenta de que estaba tratando con un genio, y supo estimularle. Porque él también debía ser considerado genial en otros conceptos: la caridad y la comprensión humana. Debemos considerar toda una hazaña conseguir reavivar la chispa creadora en aquel canónigo solitario, al que todos eludían cuando se ponía a hablar de su vocación.

La sicología cotidiana no conoce de sutilezas, porque teje burdamente. Se ama o se odia al prójimo en bloque, en su totalidad. Se le acepta cuando es integralmente bueno; cualquier defecto justifica su condenación terrenal y eterna.

Giese era una de esas personas capaces de comprender que en un chocante anciano ardía, a pesar de sus silencios, la sublime llama de la creación. Los seres humanos deberíamos ser como aquél: congratularnos de la aparición de esos hombres unilateralmente geniales, en lugar de aniquilarlos en nombre de una mediocre moralidad.

Tiedemann Giese ha de ser considerado el "héroe silencioso", tan firme y suave como un amigo paternal, el concreto soldado desconocido. No ha dejado huella histórica; pero sin él Copérnico tampoco la habría dejado. Porque nunca se hubiera podido escribir "De revolutionibus".

Copérnico reclamaba "sus diez marcos"

El Derecho canónico de Ermland establecía unos procedimientos para la elección del obispo. El rey polaco tenía el privilegio de nombrar a los candidatos; pero la elección de uno entre ellos les correspondía a los canónigos del Capítulo de Frombork. En la práctica se desarrollaban las cosas así: la Cancillería polaca y el Capítulo de Ermland se ponían de antemano de acuerdo sobre quién había de ser el obispo. Los otros tres candidatos lo eran "honoris causa", una distinción muy apetecida.

Tiedemann de Giese fue el mejor amigo de Copérnico.

En 1537, se desarrollaban en Frombork las negociaciones eclesiásticas y políticas en torno a la inminente elección. Recuérdese que el obispo era tanto el soberano espiritual como secular de Ermland: obispo príncipe. Ya estaba resuelto que el nuevo prelado sería Dantisco, entonces obispo de la diócesis de Kulm.

Los candidatos "adhonoren" eran los canónigos Zimmermann, von de Trank y un tal Snellenburg. Los dos primeros no nos interesan, pero sí el último. Snellenburg se había enfrentado repetidamente con Copérnico por culpa de un dinero que le debía. Éste había prestado 100 marcos al otro, pero sólo le devolvió 90. Los 10 restantes parecían haberse esfumado.

Con el paso de los años, nuestro astrónomo consideró la deuda como una ofensa personal. Hemos de tener en cuenta que 10 marcos de aquella época podían ser considerados como unas 20.000 pesetas actuales. Y tanto se enfureció al comprobar que sus reclamaciones eran desatendidas, que llegó a recurrir al obispado.

La reparación le llegaría de la mano de Tiedemann Giese. Porque éste movió los hilos para que Snellenburg fuera borrado de la lista de candidatos a la silla episcopal. También consiguió que en su lugar se colocara a Copérnico. Ya sabemos que no sería elegido, dado que su papel resultaba sólo "nominal".

Esta anécdota nos permite comprender el grado de amistad que existía entre el viejo astrónomo y Giese. Algo que resta importancia al hecho de si la deuda de los diez marcos fue cobrada o no.

CAPÍTULO X

LA MANIPULACIÓN DE LA GRAN OBRA

Los enconados detractores

Los enconados detractores de la obra de Copérnico comenzaron a aparecer en 1540. Formaban parte de los religiosos conservadores que no se hallaban dispuestos a interpretar de otra forma las Sagradas Escrituras. Para éstos cada pasaje bíblico debía ser entendido fielmente según lo escrito. Ya en 1539, Martín Lutero había dejado oír sus críticas en uno de sus "coloquios de mesa redonda":

"Se ha mencionado a un nuevo astrólogo que pretende probar que la Tierra se mueve y gira en redondo y no en el firmamento o el cielo, el Sol o la Luna. Este mentecato quiere trastornar todo el arte astronómico. Así sucede ahora, el que quiere ser sabio tiene que inventarse algo, eso es lo mejor que puede hacer. Sin embargo, como lo indican las Sagradas Escrituras: Josué mandó detenerse al Sol y no a la Tierra."

No ha de extrañarnos esta crítica, debido a que el fundador del protestantismo creía en la infabilidad de la Biblia, por tanto la teoría heliocéntrica de Copérnico le parecía una aberración.

Wilhelm Gnapheus, natural de La Haya, rector del Colegio de Elblag, publicó en 1541 en Gdansk, y estrenó luego en Elblag, una comedia titulada "Morosophus" ("El payaso"), en la que entre varias largas peroratas, ridiculizaba a Copérnico burlándose de su teoría.

Phillip Malanchton, uno de los más destacados humanitas alemanes, llamado "Praeceptor Germaniae", escribió en 1541:

"Algunos se figuran que es un mérito magnífico y acertado elaborar una cosa tan absurda como la de aquel astrónomo sármata que mueve la Tierra y detiene el Sol. En verdad, ¡los sabios soberanos deberían frenar tan ingeniosa ligereza!"

Y en 1549, en su obra "Initia doctrinae physicae" añadió además:

"Nuestros ojos atestiguan que los cielos dan la vuelta una vez en 24 horas. Pero cierto hombre, ya por afición a la novedad, o bien por demostrar su ingeniosidad, ha llegado a la conclusión de que la Tierra se mueve y proclama que no se mueven el Sol ni las esferas celestes (...). Aseverar semejante cosa públicamente es carecer de honestidad y decencia; es un ejemplo pernicioso. El deber de una mente pura es aceptar la verdad tal como la reveló Dios y defenderla."

Tampoco Juan Calvino silenció sus irónicas diatribas contra las ideas del movimiento de la Tierra:

"¿Quién se atrevería a sobreponer la autoridad de Copérnico a la de las Sagradas Escrituras?"

¿Llegó Copérnico a amar a una mujer?

El gran astrónomo había cumplido sesenta y seis años cuando contrató a Anna Schilling como su criada. Se sabe que esta mujer era hija de Maciej Schilling, uno de los más brillantes medallistas del Renacimiento polaco, encargado primero de la Casa de la Moneda de Torun y luego de la de Gdansk, y emparentado con Copérnico.

Al parecer todos consideraban que Anna era muy hermosa, tanto que comenzaron a circular mil y una habladurías sobre las relaciones sentimentales del clérigo con su criada. Estamos convencidos de que eran unas infamias, lo que no impidió que el obispo de Warmia, Jan Dantyszek, aconsejara a su mejor colaborador que despidiera a aquella mujer. Y ésta debió marcharse de Frombork a las pocas semanas.

Copérnico ya contaba 60 años cuando se enfrentó con una situación muy complicada por culpa de una mujer hermosa.

Creemos que Anna causó una profunda impresión en el ánimo del anciano Copérnico, ya que en infinidad de libros dibujó unas hojas de hidra, que eran el distintivo de la familia de los Schilling. Un comportamiento que permite deducir que ella se hallaba con frecuencia en los pensamientos del astrónomo. Quizá este amor fuese platónico, debido a que al afectado no se le conoce relación femenina alguna en toda su vida, excepto en su época de estudiante universitario. Pero también se duda que en ese periodo tratase con prostitutas o con damitas de vida fácil. Era demasiado tímido y precavido con los asuntos que afectaban a su propia salud.

Otro de los amigos del gran astrónomo

En mayo de 1539, llegó a Frombork un joven profesor de astronomía de la Universidad de Wittemberg. Se llamaba Jerzy Joachin Retyk y había nacido en el Tirol. Sólo contaba veinticinco años, por este motivo cuando algo le apasionaba no dudaba en dedicarle todo el tiempo necesario. Había oído hablar de la gran fama "que rodeaba al señor don Nicolás Copérnico en los países del Norte".

Nacido en 1514, su apellido verdadero era von Lauchen. Natural de Feldkirch, o sea de la parte del Tirol que en la época romana perteneció a la provincia de Recia. Como era costumbre entre los humanistas, de acuerdo con la moda de entonces, adoptó el nombre de su provincia natal: Rheticus. Y en la literatura polaca se le conoce por Retyk, que en castellano es Retico.

La obra "De revolutionibus" yacía terminada desde hacía muchos años "en un escondrijo, profundamente oculta", como dijera su autor. El joven científico trabó amistad con Copérnico, a pesar de que éste "aborrecía toda familiaridad y conversación poco sería e inútil".

Entusiasmado con las ideas de Copérnico, Retico supo ganarse noblemente su confianza. Esto le permitió tener acceso al original de la gran obra. Quedó tan maravillado que no pudo resistir la necesidad de escribir una obrita de homenaje, la cual tituló "Narratio prima" ("Narración primera"). En ésta hacía la presentación de la teoría a la vez que la propagaba.

El trabajo fue impreso en la primavera de 1540 en Gdansk por F. Rhode. El lema que Retico eligió para su texto era de Alinoo:

"Sólo podrán entender lo que expongo quienes posean un pensamiento independiente."

Además dedicó el prólogo a Juan Schoner, astrónomo y matemático de Nuremberg, quien adoptó una postura escéptica frente a la idea del movimiento de la Tierra y fue uno de los "astrólogos protestantes humanizantes que promovió el viaje de Retico a Warmia, más bien por simple curiosidad que por simpatía alguna hacia Copérnico". Los dos serían, junto con otros, los responsables de las adulteraciones sufridas por la gran obra de Copérnico.

En 1541 apareció en Basilea la segunda edición de "Narratio prima". Al conocerla, Cornelius Duplicius Scepperus, de Bruselas, escribió a su amigo el obispo Jan Dantyszek:

"El nombre del citado Copérnico se ha hecho famoso. Por eso muchos sabios esperan ahora la edición de su obra principal."

Los primeros pasos de Retico

Retico había elegido la mejor imprenta de Nuremberg para imprimir "De revolutionibus". Al fin contaba con la aprobación de Copérnico para dar este paso. Había salido de Frombork en 1541, adonde no volvería jamás. Llevaba en su poder 425 hojas de papel, todas ellas cubiertas con una letra menuda.

Pero Retico era protestante, y sabemos que había confesado esto al gran astrónomo. El hecho es que llegó a la ciudad donde residía Lutero, y el escrito era de un católico. Esto le llevó

143

a buscar el apoyo del duque de Alberto de Prusia, para que interviniera en su favor ante el Gran Elector Juan Federico de Sajonia.

Semanas más tarde se autorizaba la impresión de tan "admirable obra de astronomía". Para entonces Retico había debido incorporarse a la Universidad en la que era profesor y, pocos años después, decano de su Facultad. Allí mismo llevó a la imprenta la parte trigonométrica del manuscrito titulado "De lateribus et angulis triangulorum" ("Lados y ángulos de los triángulos"), que estaba dedicado a la trigonometría. Su propósito era despertar el interés por el trabajo del "ilustre maestro". Y lo consiguió.

Ya podía hacer lo mismo con el resto. No obstante, llegó la guerra entre protestantes y católicos, una contienda que se prolongaría durante treinta años. El texto de Copérnico podía correr peligro. Retico decidió trasladarse a Nuremberg. Llevaba cartas de recomendación de Melanchton para los ex sacerdotes de la ciudad. También esperaba contar con la ayuda de varios de sus ex alumnos, como el matemático Schomberg.

A los pocos días de su llegada, dio comienzo en los talleres de Petreio la impresión del libro. En menos de un año estaba terminado. El primer ejemplar se envió a Frombork para que su autor lo viera. Creemos que éste lo tomaría con sus frías manos y lo contemplaría con sus hondos ojos de moribundo.

Andreas Osiander, el manipulador

Retico se vio obligado a abandonar la ciudad por razones de fuerza mayor. El libro no estaba terminado. Dejó el cuidado de la edición a un hombre de vasta erudición, Andreas Osiander. Era cofundador del protestantismo de la ciudad, su principal teólogo y pastor espiritual. Más tarde sería llamado por la Universidad de Königsberg. A diferencia de Lutero, que nunca pudo asimilar la doctrina heliocéntrica y la miraba con recelo, Osiander se interesaba vivamente por ella. Incluso había mantenido correspondencia con Copérnico.

144

En teoría Retico no pudo elegir una persona mejor para supervisar las últimas fases de la edición. Pero Osiander terminaría por defraudar la confianza de su amigo. La obra salió magníficamente impresa. Claro que llevaba un prólogo que no era del autor, aunque al no ir firmado parecía haber sido escrito por éste.

El vergonzoso prólogo

Seguidor de las ideas copernicanas, Osiander le escribía a Copérnico y éste contestaba a las cartas. Dos años antes de entregarse el libro a la imprenta, el canónigo católico exponía en una carta al colega luterano sus temores concernientes a la reacción ingrata que pudiera suscitar la nueva teoría del cielo en los conservadores. Osiander le contestó con este consejo:

"Por mi parte pensé siempre que no son artículos de fe las hipótesis, sino bases para hacer cálculos, de suerte que, aunque sean falsas, no significa ello que no representen con exactitud los fenómenos. Por ello sería deseable que dijerais algo sobre este asunto en vuestro prefacio, pues así aplacaríais a los aristotélicos y a los teólogos, cuya oposición teméis."

Por entonces Retico se hallaba con Copérnico en Frombork. Osiander le escribió de forma parecida:

"Los aristotélicos y teólogos se aplacarán fácilmente si se les dice que pueden emplearse varias hipótesis para explicar los mismos movimientos aparentes, y que estas hipótesis no se proponen porque sean realmente verdaderas, sino porque resultan las más convenientes para explicar los movimientos compuestos aparentes."

Osiander sugería una estrategia que las instituciones eclesiásticas, ya fueran católicas o protestantes, habían aceptado y fomentado a lo largo del desarrollo de la ciencia moderna: los científicos han de ofrecer al mundo, no verdaderos conocimientos, sino "hipótesis posibles". No hace tanto tiempo que la doctrina darviniana sólo se podía enseñar como una de las hipótesis servibles para explicar la diversidad de las formas vivientes.

Ignoramos lo que contestaría Copérnico a tales insinuaciones. El hecho es que el teólogo Osiander aplicó su estrategia de cobarde compromiso en el prefacio del libro. Tal vez lo hiciera por consideración a Lutero; si bien éste nunca sentenciaba públicamente sobre el asunto, le constaba que era poco amigo del increíble sistema astronómico. Tal vez la intención principal de Osiander era proteger el libro de la confiscación inquisitorial que a él personalmente no le importaba.

Sea como fuere, el prólogo es escandaloso, pues significa la castración de una obra genuinamente revolucionaria. Su grandísima verdad es degradada a inocua y juguetona ficción. Y esto a fuerza de disimulo y mentira. Tanto el teólogo de Nuremberg como el canónigo de Frombork no veían en el heliocentrismo una de las varias hipótesis posibles, sino la única que contenía la verdad científica. Esto de que el Sol era inmóvil con relación a la Tierra y que ésta era la que marchaba alrededor de él mientras rotaba en torno al propio eje, suponía en realidad un descubrimiento verdadero, un auténtico conocimiento.

Copérnico fue estafado

El venezolano Ignacio Burk, en su libro "Copérnico", expone lo siguiente:

"El azar de que el primer ejemplar del libro haya sido entregado a su autor mortalmente enfermo y de vigor cerebral debilitado, ha arrojado una ominosa duda sobre la personalidad de Copérnico, que cinco siglos de investigación histórica no han podido disipar. ¿Quiso el astrónomo de Frombork simplemente ofrecer una nueva e ingeniosa hipótesis cosmológica? ¿Se entregaría a un mero juego de especulación matemática, sin ocurrírsele afirmar en serio que el 'evidente' movimiento del Sol pudiera ser pura apariencia?

En la portada del libro "Los mundos planetarios", que forma parte de "De revolutionibus", aparecen Copérnico y Tycho Brahe exponiendo sus teorías a Tolomeo.

147

Así lo da a entender el prólogo del libro. Es probable que el tímido canónigo se haya rodeado una vez más de su acostumbrada máscara de indefinición y ambigüedad, a pesar de que sus admiradores echen la culpa a un malentendido entre el autor y el prologista. La duda es ésta: ¿Es o no es la obra de Copérnico un mensaje en serio? ¿Tendría la suficiente confianza en sí mismo para sostener con audacia una tesis aparentemente absurda y digna de un loco? Lo ignoramos. Hay que tener el valor de profesarlas. Alrededor de 1915 dictó Einstein su primera conferencia en París. Más de uno comentó, al salir de la sala: 'Es un loco.'

La duda en torno al temple de la personalidad de Copérnico es deshecha por el noble Kepler, quien combatía la verdad sin mirar a las consecuencias. Era el continuador de la teoría heliocéntrica y defendía a capa y espada a Copérnico. Desde luego, no le había conocido; lo que refiere de su persona, lo obtiene de segunda mano. Según Kepler, Copérnico fue víctima de una treta de Osiander; había rechazado la indigna proposición de éste, pues 'con estoica firmeza de espíritu creía que debía publicar abiertamente sus convicciones'."

Copérnico fue burlado

Por un amigo de Retico, llamado Pretorio, contamos con la prueba de que Osiander escribió el prólogo o prefacio. Esto debe ser aclarado porque el lector de aquella época fue engañado al no ir este texto firmado. Tampoco en las dos ediciones posteriores, en la de Basilea de 1566 y en la de Amsterdam de 1617, hay una explícita indicación acerca del autor del prólogo. Que lo fue Osiander está fuera de duda. Los testimonios de Kepler y Pretorio lo prueban. Lo menciona también una biografía de Copérnico que escribiera el resucitador del atomismo democrático, Nicolás Gassendi, en 1647. Y nadie afirma lo contrario.

¿Qué opinión podemos aceptar? Lo más probable es que Copérnico sí conociera que había sido burlado por Osiander. Le disgustó; pero estaba demasiado enfermo. Ya no podía protestar.

CAPÍTULO XI

LA DEDICATORIA AL PAPA

Una teoría demasiado audaz

La Iglesia medieval, viva y poderosa aún en tiempo de Copérnico, profesaba oficialmente el geocentrismo. Dios creó la Tierra como centro del mundo "e hizo al hombre según su imagen y semejanza". El Sol, la Luna, los planetas y las incontables estrellas del firmamento eran los sirvientes cósmicos del género humano. De día le ofrecían al hombre luz y calor; de noche despertaban en su alma la reverente y silenciosa admiración por la divina sabiduría y omnipotencia. A esta cosmovisión radicalmente antropocéntrica correspondía con exactitud el sistema de Tolomeo; al mismo tiempo, satisfacía la curiosidad científica de los astrónomos, si bien a fuerza de suposiciones muy artificiosas.

A los antiguos y medievales les era sencillamente imposible ampliar lo suficientemente sus conceptos relacionados con los espacios cósmicos. Sabemos de muy contados genios que fuesen tan audaces como para imaginarse el universo con dimensiones no terrenales. No sólo la gente común, tampoco los eruditos y especialistas en cuestiones astronómicas eran capaces de liberarse del esquema tradicional: el Sol se hallaba ciertamente lejos de la Tierra, más lejos que cualquier ciudad lo estaba de Roma; pero no tan lejos que, si fuera posible viajar a pie o a caballo, no se llegara en uno o dos años. Y por alta que fuera la bóveda celeste, las distancias dentro de ella eran comparables con las de la superficie terrestre.

Lo que a los contemporáneos de Copérnico más les chocaba era precisamente la necesidad de la teoría heliocéntrica de proclamar una distancia infinita entre la Tierra y la "octava esfera", la de las estrellas fijas. Al admitir esto las constelaciones no podrían verse siempre del mismo modo, como en efecto se las ve. La objeción tenía tanto peso que Tycho Brahe, siendo cual Copérnico del siglo XVI (1546-1601) y superior a éste como observador y registrador de los fenómenos celestes, rechazó el sistema heliocéntrico, considerándolo engendro de una fantasía desbocada. Era amigo y maestro de Kepler. En una carta de 1589 le escribe, entre otras cosas:

"Con relación al movimiento anual que supone la octava esfera a tal distancia que, en comparación con ésta, la órbita terrestre sería infinitamente pequeña, dime: ¿crees tú probable que el espacio desde el Sol, presunto centro del universo, a Saturno (el más distante de los planetas) no importa siquiera 1/700 del espacio que se extiende entre Saturno y la esfera de las estrellas fijas el cual, por añadidura, estaría totalmente vacío de astros?

De lo que el astrónomo danés tuvo por imposible, había hecho Copérnico el fundamento de su teoría. Es algo que habla alto a favor de su vuelo imaginativo: después de todo, fue un pensador audaz. Nosotros sabemos quién estaba en lo cierto: las distancias entre Tierra y estrellas y la amplitud vacía del universo son incomparablemente más sobrecogedoras de lo que pudieran imaginarse Copérnico, Kepler y Tycho Brahe.

Uno de los más grandes astrónomos de todos los tiempos, poseedor de una mentalidad auténticamente científica y honesto a toda prueba, es aplastado por el enigma de una distancia setecientas veces mayor que la que pudiera haber entre el Sol y Saturno. Era la distancia mínima, calculada por Copérnico como necesaria para que las constelaciones astrales se vieran sin variaciones periódicas.

*Monumento a Nicolás Copérnico que se encuentra
actualmente en Varsovia.*

La posición de Tycho permite calibrar el valor extraordinario que hacía falta para anunciar al mundo la nueva imagen del universo. Tycho Brahe la aceptó como hipótesis calculable, pero tenía por increíble que le correspondiera alguna realidad. No estaba tan fuera de lugar el prefacio de Osiander. Y nada de raro tendría que el mismo Copérnico, en su fuero interno, se mortificara durante años con la duda de que la tesis a la cual había consagrado su vida, a la postre no pudiera ser realmente cierta. De una cosa estaba seguro: su libro tarde o temprano tendría que desencadenar la protesta de los teólogos y aristotélicos. Para curarse en salud, se lo dedicó al Papa, confiándose a la más valiosa de las tutelas.

El Papa que debía opinar

El Pontífice que entonces ocupaba el trono de San Pedro era Pablo III, de la casa de los Farnesio. Elegido en 1536, gobernó la Iglesia hasta 1549. Fue él quien le encargó a Miguel Ángel la decoración de la Capilla Sixtina. Pero los dos hechos descollantes de gran repercusión histórica que caracterizan su gobierno son: la iniciación del Concilio de Trento y la aprobación de la Compañía de Jesús. El Concilio de Trento hizo sobrevivir a la Iglesia católica hasta nuestros días. Y la orden fundada por San Ignacio de Loyola contribuyó decisivamente a forjar la fisonomía de la modernidad en lo que a educación, política eclesiástica y profana, moral y religiosidad se refiere.

La amplia dedicatoria a Pablo III

El libro "De revolutionibus" llevaba esta dedicatoria al Papa Pablo III:

Me doy cuenta con suficiente claridad, Santo Padre, que habrá personas que al enterarse que en mis libros sobre las revoluciones de las esferas del universo atribuyo unos movimientos al globo terráqueo, pondrán el grito en el cielo y pedirán mi condena junto con mis convicciones. Ahora bien, no estoy tan satisfecho de mi propio trabajo como para dejar de lado los juicios de los demás, y si bien no ignoro que los pensamientos del filósofo están lejos de hallarse bajo el control del juicio del vulgo, pues la tarea de aquél es buscar la verdad en todas las cosas en la medida en que Dios se lo permite a la razón humana, no por ello dejo de considerar que debe huirse de las opiniones abiertamente contrarias a la recta razón. Por tal motivo, cuando pensaba cuán absurda considerarían mi interpretación de que la tierra se mueve aquellos que saben que el juicio de los siglos confirma la opinión de una tierra inmóvil situada en el centro del universo, me preguntaba una y otra vez si debía exponer por escrito mis comentarios para demostrar su movimiento o, por el contrario, si no era mejor seguir el ejemplo de los pitagóricos y algunos otros que, tal como nos lo testimonia la carta de Lisias a Hiparco, solían transmitir los misterios de la filosofía sólo a sus amigos y allegados y no por escrito, sino de viva voz.

Según mi opinión, no actuaban así, tal como algunos piensan, por cierto recelo a divulgar sus doctrinas, sino con el fin de que cosas tan nobles, conocimientos conquistados con tan inmenso esfuerzo por los grandes hombres, no fueran menospreciados por aquellos a quienes repugna consagrar un arduo y serio trabajo al estudio porque consideran que no reporta beneficio inmediato alguno, ni por quienes, si bien se sienten empujados a abrazar el estudio liberal de la filosofía guiados por las exhortaciones y ejemplos de otra y a causa del embotamiento de su espíritu, se encuentran entre los filósofos como zánganos entre abejas. Así, pues, reflexionando sobre tales asuntos, poco faltó para que, por temor al desprecio que podía originar la novedad y absurdidad de mi teoría, decidiera abandonar por completo mi proyecto.

El gran apoyo de los amigos

Sin embargo, mis amigos disuadieron al fin los prolongados titubeos y resistencias. Entre ellos fue el primero Nicolás

Schonberg, cardenal de Capua, célebre en todo género de saber. Próximo a él estuvo mi muy querido e insigne Tiedemann Giese, obispo de Culm, estudiosísimo de las letras sagradas, así como también de todo buen saber. Éste me exhortó muchas veces y, añadiendo con frecuencia los reproches, insistió para que publicara este libro y le dejara salir a la luz, pues retenido por mí había estado en silencio, no sólo nueve años, sino ya cuatro veces nueve. A lo mismo me impulsaron otros muchos varones eminentes y doctos, exhortándome para que no me negara durante más tiempo, a causa del miedo concebido, a presentar mi obra para la común utilidad de los estudiosos de las matemáticas. Decían que, cuanto más absurda pareciera ahora a muchos esta doctrina mía sobre el movimiento de la Tierra, tanta más admiración y favor tendría después de que, por la edición de mis comentarios, vieran levantada la niebla del absurdo por las clarísimas demostraciones. En consecuencia, convencido por aquellas persuasiones y con esta esperanza, permití a mis amigos que hiciesen la edición de la obra que me habían pedido con tanto tiempo.

Había perdido el temor

Tal vez Vuestra Santidad se halle tan sorprendida de que me atreva a hacer públicas mis meditaciones, aunque, a decir verdad, después de tan larga elaboración no tengo temor alguno a confiar a la imprenta mis ideas sobre el movimiento de la Tierra, como deseo saber en qué forma me vino al pensamiento la idea de osar imaginar, contrariamente a la opinión recibida de los matemáticos y casi en contra del buen sentido, un cierto movimiento terrestre. Por consiguiente, no quiero ocultar a Vuestra Santidad que lo único que me impulsó a buscar otra forma distinta de deducir los movimientos de las esferas fue el hecho de percatarme de que no existe acuerdo entre las investigaciones de los diferentes matemáticos.

En primer lugar, es tal su inseguridad acerca de los movimientos del Sol y de la Luna que no pueden deducir ni observar la duración exacta del año estacional. En segundo lugar, al establecer tales movimientos, así como los de los otros cinco astros errantes, no emplean los mismos principios ni las mismas demostraciones para explicar sus respectivas revoluciones y movimientos aparentes. Unos se valen exclusivamente de esferas homocéntricas. Sin embargo, ni unos ni otros alcanzan de forma completa con sus respectivos medios los fines que se proponen. En efecto, los que se acogen a las esferas homocéntricas, aunque hayan demostrado poder componer con su ayuda varios y diversos movimientos, no han conseguido establecer un sistema que explique completamente los fenómenos.

La forma del mundo y la simetría de sus partes

En cuanto a aquellos que imaginaron la existencia de las excéntricas, si bien parece que con su ayuda han podido deducir en gran parte y calcular con exactitud los movimientos aparentes, se han visto en la necesidad de admitir para ello muchas cosas que parecen violar el primer principio concerniente a la uniformidad de los movimientos. Finalmente, en lo que respecta al problema principal, es decir, la forma del mundo y la inmutable simetría de sus partes, no han podido ni encontrarla ni deducirla. Su obra puede ser comparada a la de un artista que, tomando de diversos lugares manos, pies, cabeza y demás miembros humanos —muy hermosos en sí mismos, pero no formados en función de un solo cuerpo y, por tanto, sin correspondencia alguna entre ellos—, los reuniera para formar algo más parecido a un monstruo que a un hombre. Así, pues, en el proceso de exposición que los matemáticos reclaman como propio se encuentra que han omitido algún elemento necesario o que han admitido algún elemento extraño y en modo alguno perteneciente a la realidad. Todo ello se hubiera evitado siguiendo unos principios prefijados, pues en el supuesto de que las hipótesis admitidas no fueran falaces, todo cuanto pudiera inferirse de ella podría ser verificado sin lugar a dudas. Si

155

cuanto acabo de exponer ha quedado oscuro, quizá se aclare de forma conveniente más adelante.

En consecuencia, reflexionando largo tiempo conmigo mismo sobre esta incertidumbre de las matemáticas transmitidas para calcular los movimientos de las esferas del mundo, comenzó a enojarme que a los filósofos, que en otras cuestiones han estudiado tan cuidadosamente las cosas más minuciosas de este orbe, no les constará ningún cálculo seguro sobre los movimientos de la máquina del mundo, construida para nosotros por el mejor y más regular artífice de todos. Por lo cual, me esforcé en releer los libros de todos los filósofos que pudiera tener, para indagar si alguno había opinado que los movimientos de las esferas eran distintos a los que suponen quienes enseñan matemáticas en las escuelas. Y encontré en Cicerón que Niceto fue el primero en opinar que la Tierra se movía. Después, también en Plutarco encontré que había algunos otros de esa opinión, cuyas palabras, para que todos las tengan claras, me pareció bien transcribir:

"Algunos piensan que la Tierra permanece quieta, en cambio Filolao el Pitagórico dice que se mueve en un círculo oblicuo alrededor del fuego, de la misma manera que el Sol y la Luna. Heráclides el de Ponto y Ecfanto el Pitagórico piensan que la Tierra se mueve pero no con traslación, sino como una rueda, alrededor de su propio centro, desde el ocaso al orto."

La Tierra no permanece quieta

En consecuencia, aprovechando la ocasión empecé yo también a pensar sobre la movilidad de la Tierra. Y aunque la opinión parecía absurda, sin embargo, puesto que sabía que a otros se les había concedido tal libertad antes que a mí de modo que representaban algunos círculos para demostrar los fenómenos de los astros, estimé que fácilmente se me permitiría experimentar si, por supuesto algún movimiento de la Tierra, podrían encontrarse en la revolución de las órbitas celestes demostraciones más firmes que lo eran las de aquéllos.

En el castillo de Olsztyn viviría Copérnico desde 1516 a 1521.

Y yo, supuestos los movimientos que más abajo en la obra atribuyo a la Tierra, encontré con una larga y abundante observación que, si se relacionan los movimientos de los demás astros errantes con el movimiento circular de la Tierra, y si los movimientos se calculan con respecto a la revolución de cada astro, no sólo de ahí se siguen los fenómenos de aquéllos, sino que también el orden y magnitud de los astros y de todas las órbitas, e incluso el cielo mismo, se ponen en conexión; de tal modo que en ninguna parte puede cambiarse nada, sin la confusión de las otras partes y de todo el universo. De ahí también que haya seguido en el transcurso de la obra este orden, de modo que en el primer libro describiré todas las posiciones de las órbitas con los movimientos que le atribuyo a la Tierra, de modo que ese libro contenga como la constitución común del universo.

El contenido de los demás libros

Después, en los restantes libros, relaciono los movimientos de los demás astros y de todas las órbitas con la movilidad de la Tierra, para que de ahí pueda deducirse en qué medida los movimientos y apariencias de los demás astros y órbitas pueden salvarse, si se relacionan con el movimiento de la Tierra. No dudo que los ingeniosos y doctos matemáticos concordarán conmigo, si, como la filosofía exige en primer lugar, quisieran conocer y explicar, no superficialmente sino con profundidad, aquellos que para la demostración de estas cosas ha sido realizado por mí en esta obra. Pero, para que tanto los doctos como los ignorantes por igual vieran que yo no evitaba el juicio de nadie, preferí indicar estas lucubraciones a tu Santidad antes que a cualquier otro, puesto que también en este remotísimo rincón de la Tierra, donde yo vivo, eres considerado como eminentísimo por la dignidad de tu orden y también por tu amor a todas las letras y las matemáticas, de modo que fácilmente con tu autoridad y juicio puedas reprimir las mordeduras de los calumniadores, aunque está en el proverbio *que no hay remedio contra la mordedura de un sicofante (así* llamaban los griegos antiguos al delator).

Si por casualidad hay charlatanes que, aun siendo ignorantes de todas las matemáticas, presumen de un juicio sobre ellas por algún pasaje de las Escrituras, malignamente distorsionado de su sentido, se atrevieran a rechazar y atacar esta estructuración mía, no hago en absoluto caso de ellos, hasta el punto de que condenaré su juicio como temerario. Pues no es desconocido que Lactancio, por otra parte célebre escritor, aunque matemático mediocre, hablo puerilmente de la forma de la Tierra, al reírse de los que transmitieron que la Tierra tiene forma de globo. Y así, no debe parecernos sorprendente a los estudiosos, si ahora otros de esa clase se ríen de nosotros. Las matemáticas se escriben para los matemáticos, a los que estos trabajos nuestros, si mi opinión no me engaña, les parecerán que aportan algo a la república eclesiástica, cuyo principado tiene ahora tu Santidad. Pues así, no hace mucho, bajo León X, en el Concilio de Letrán, cuando se trataba de cambiar el Calendario Eclesiástico, todo quedó indeciso únicamente a causa de que las magnitudes de los años y de los meses, y los movimientos del Sol y de la Luna, aún no se consideraban suficientemente medidos. Desde este momento, dediqué mi ánimo a observar estas cosas con más cuidado, estimulado por el muy preclaro varón D. Pablo, obispo de Fossombrone, que entonces estaba presente en estas deliberaciones. Pero lo que he proporcionado en esta materia lo dejo al juicio principalmente de tu Santidad y de todos los demás sabios matemáticos, y para que no parezca a tu Santidad que prometo más utilidad en la obra de la que puedo presentar, paso ahora a lo construido.

La cosmología de Copérnico

Nadie como Thomas S. Kuhn ha sabido mostrar el valor de las teorías heliocéntricas, como demuestra en su libro "La revolución copernicana":

"Para Copérnico, el movimiento terrestre era un derivado del problema de los planetas. Se apercibió del movimiento de la Tierra al examinar los movimientos celestes y, dada la trascendental importancia que tenían para él estos movimientos, no se interesó demasiado por las dificultades que su innovación podía plantear al hombre medio, cuyas preocupaciones se centraban principalmente en los problemas del mundo sublunar, los problemas terrestres. Pero Copérnico no podía ignorar por completo los problemas que el movimiento de la Tierra suscitaba en quienes poseían un sentido de los valores menos exclusivamente astronómicos que el suyo propio. Como mínimo, debía ofrecer a sus contemporáneos la posibilidad de concebir la idea de un movimiento terrestre; debía dejar en claro que las consecuencias de este movimiento no eran tan devastadoras como generalmente se suponía. Estas razones le inclinaron a comenzar el 'De revolutionibus' con una presentación no técnica del universo que había construido para albergar a una Tierra en movimiento. El introductorio libro primero está dirigido a los profanos en el tema, y en él se recogen todos los argumentos que en opinión de Copérnico podían ser comprendidos por aquellos lectores que carecieran de una formación astronómica específica.

A decir verdad, tales argumentos son muy convincentes. Porque derivan del análisis matemático que Copérnico consigue explicitar con claridad en el libro primero. Sólo quien, como Copérnico, tuviera otras razones para suponer que la Tierra se movía, podía haber quedado maravillado con el Libro Primero del 'De revolutionibus'.

El libro primero de 'De revolutionibus' tiene una gran importancia. Los únicos puntos débiles dejan entrever la incredulidad y la mofa con que iba a ser acogido el sistema copernicano por quienes no estaban preparados para seguir en detalle la discusión matemática expuesta en los libros restantes. Su estrecha y extensa dependencia de los conceptos y leyes aristotélicos y escolásticos muestran hasta qué punto el propio Copérnico era

incapaz de sobreponerse a las corrientes del pensamiento domi-
nante en su época fuera del limitado dominio de su especialidad.
Finalmente, este Libro Primero ilustra una vez más la enorme
coherencia de la cosmología y astronomía tradicionales.
Copérnico, impulsado a engendrar su revolución por motivos
estrictamente astronómicos, intentó circunscribir su descubrimiento a dicho dominio, pero no pudo evitar por completo las
devastadoras consecuencias cosmológicas derivadas del movimiento terrestre."

Sin la ayuda de Copérnico es posible que hubiésemos tardado
más de un siglo en conocer el moderno sistema solar.

Toda Europa se conmocionó

Toda Europa esperaba la publicación de la obra de Copérnico. El simple hecho de que el manuscrito hubiese llegado a la imprenta ya sirvió para que se entrecruzaran infinidad de cartas anunciando el acontecimiento.

Mientras tanto, el autor caía enfermo de gravedad. Consciente de que la medicina no podía salvarle, anotó en los márgenes de un libro de Appian-Vitelion las palabras de Santo Tomás de Aquino:

¡Qué breve es la vida! Y qué pobre nuestra ciencia, sobre todo cuando la mayoría de nuestros conocimientos se escurren por el colador de la memoria.

Al enterarse Tiedemann Giese de la enfermedad de su amigo, escribió a Jerzy Donner, que era el nuevo canónigo de Frombork:

"Me apena mucho lo que me contaste sobre la dolencia del venerable anciano, nuestro amado Copérnico. Él, mientras gozaba de buena salud, adoraba la soledad y, ahora, en su enfermedad, debe tener según creo muy pocos amigos que se preocupen por su estado, a pesar de que todos somos sus deudores, dado su probidad y destacados conocimientos. Me consta que él te contaba siempre entre los de mayor confianza. Te ruego, pues, que si de veras se encuentra en tal situación, sé su protector y encárgate del cuidado de este hombre que ambos hemos querido, para que en medio de esta necesidad no se halle privado de la ayuda fraternal, y no resultemos nosotros unos desagradecidos para quien tantos méritos tiene."

CAPÍTULO XII

LA MUERTE DE COPÉRNICO

La falsificación de la gran obra

Todos los historiadores consideran que Retico fue burlado por sus colegas de la Universidad. Se había hecho responsable de que la obra de Copérnico fuese publicada con la mayor fidelidad; sin embargo, ya sabemos que confió en el teólogo protestante Andreas Osiander. Lo primero que éste hizo fue modificar el título al añadir "Ad lectorum de hypothesibus huis operis". Con esto todo el texto quedaba planteado como una hipótesis o como un "esquema matemático imaginado".

Varios investigadores mencionan otra adulteración con el título: "De revolutionibus" pasó a ser "De revolutionibus orbium celestium" ("Sobre las revoluciones de las esferas celestes"). De esta manera, el tema central, que era el movimiento de la Tierra, quedó convertido en el más genérico del universo.

Aquel mismo año, por curiosa coincidencia, apareció otra obra de esencial significado para el desarrollo de la ciencia: el trabajo del sabio flamenco Vesalius, que éste tituló "De humani corporis fabrica" ("Sobre la constitución del cuerpo humano"), que consideraba al hombre desde el punto de vista de unas observaciones anatómicas detalladas. De esta manera, simultáneamente, salieron estos dos libros que "condujeron a un cambio esencial en el concepto de la naturaleza y del mundo". 1543 fue el nacimiento de la ciencia moderna.

La muerte de Nicolás Copérnico

El escritor polaco Jam Adamczewski, autor de "Nicolás Copérnico y su obra", presenta la muerte de éste con un realismo no exento de una prosa cargada de sensibilidad:

"La enfermedad no cedía. Cargado de años y afligido por ello de numerosas dolencias, yacía Copérnico en su casa solitaria de Frombork. Mientras tanto, Retico se ocupaba de enviar la obra impresa a sus amigos. Tiedemann Giese la recibió sólo en julio, a su vuelta de Cracovia, adonde había ido para asistir a la boda del rey Segismundo Augusto con Elisabeth, hija de Fernando I de Habsburgo.

Corría el mes de mayo. Un verdor lozano de primavera envolvía el cerro catedralicio. En el jardín de la canonjía de Copérnico se abrían las primeras flores primaverales. La brisa traía desde los campos y prados el perfume de las hierbas que tanto apreciaba el doctor Nicolás Copérnico para curar a los enfermos. Pudiera ser que aquel día soplara el aire desde el estuario del Vístula, cargado con el aliento salobre del mar cercano, con sus olores a pescado y a alquitrán que los pescadores de Frombork usaban para calafatear sus barcas. Todo ello resultaba ya inaccesible para el doctor Nicolás.

Copérnico murió el 24 de mayo de 1543 en Frombork, a la edad de 70 años.

Tiedemann Giese escribió a Retico el 26 de julio del mismo año:

'Murió de un derrame cerebral que causó la parálisis del lado derecho, el 24 de mayo, habiendo perdido mucho antes la memoria y el conocimiento; su obra completa la vio tan sólo el día de su muerte, al exhalar el último suspiro.'

Sus últimos 30 años los pasó Copérnico a la sombra de la catedral de Frombork, donde luego fue enterrado. Desgraciadamente es lo único que sabemos acerca de este tema. ¿En qué parte del templo descansa su cuerpo? Existen suposiciones de que se encuentra junto a la cuarta columna, ya que allí estaba el altar del que era titular como canónigo y, según una vieja costumbre, se solía enterrar a los canónigos cerca de los altares que habían estado bajo su custodia. En esa columna fue colocada en 1581 una lápida encargada por el obispo de Warmia, historiador y autor de 'Kronika polska' ('Crónica de Polonia'), Marcin Kromer, con un epitafio en honor de Copérnico.

Unos ciento cincuenta años más tarde la lápida fue desmontada para colocar otra, la del obispo Krzysztof Andrzej Jan Szembek, en su lugar. Además, durante la invasión sueca, en el siglo XVIII, los soldados saquearon los sepulcros en busca de tesoros y desparramaron los restos de los muertos. En 1758 el cabildo de Warmia decidió dedicar a Copérnico una lápida conmemorativa; pero ésta fue colocada en otro lugar más digno, en la columna de la izquierda junto al altar mayor. Acompañada de un retrato de Copérnico, realizado probablemente en 1735, y que figura hasta ahora en ese sitio."

Un trato muy injusto

Unos cuantos días después de su muerte, el cabildo valoró la torre de la fortaleza de Frombork ,"que en ese tiempo poseía el doctor Nicolás", en 30 grzywnas (antigua unidad monetaria equivalente entonces a 3688 gramos de plata) y la curia exterior en 100. La torre fue adquirida por el canónigo Achacy Trenk y la curia exterior por el deán del cabildo, Leonard Niderhoff. El cabildo hizo entrega de la canonjía y la prebenda a Jan Loitsch, pariente de Copérnico, pues era nieto de una de las hermanas del obispo Lucas.

No se ha conservado el testamento de Copérnico, pero se sabe por otras fuentes que dotó a los siete hijos de su sobrina menor, Regina Moller, de una buena renta; sus libros los legó principalmente a la biblioteca capitular, con excepción de algunas obras de medicina que destinó a la biblioteca del obispado de Lidszbark y a Fabián Emerich, que en 1547 ocupaba el cargo de médico del cabildo de Warmia.

Pocos son los manuscritos de Copérnico que se conservan, y muchos de ellos se encuentran fuera de Polonia, pues las guerras y los saqueos los esparcieron por toda Europa. La parte más importante de la biblioteca del cabildo de Warmia fue saqueada por los suecos cuando invadieron Polonia en el siglo XVII. Por este motivo, un gran número de los manuscritos que se conservan e infinidad de los libros de su biblioteca, con anotaciones de su puño y letra, se encuentran en Suecia, bien en la biblioteca del Observatorio Astronómico de Upsala o en el Archivo Nacional de Estocolmo.

El íntimo y fiel amigo de Copérnico, Tiedemann Giese, en julio de 1543 dirigió al Senado una carta de protesta por la falsificación de la obra, adulterada por la edición del prólogo apócrifo, y pedía el castigo de los culpables de tal hecho y que se anulara la falsificación. Juan Petreius contestó a Giese con una carta dirigida al mismo Senado redactada en tono tan ultrajante que la misma corporación, al transmitir la contestación al obispo Giese, reconoció "que convenía suprimir y suavizar las expresiones mordaces", pero añadía también "que no se podía reprochar nada a Petreius respecto a su respuesta".

La revolución de Copérnico

Afortunadamente nos ha quedado lo más importante. La revolución copernicana inició el desarrollo triunfal de la ciencia y de la civilización humanas. Nicolás Copérnico "detuvo el Sol, movió la Tierra". El doctor Pawl Rybicki, en su "Historia Nauki polkief" ("Historia de la ciencia polaca"), comenta:

"El punto esencial de la nueva teoría era la tesis que atribuía movimientos a la Tierra y hacía del Sol el centro inmóvil de los planetas y de todo el universo. Estas ideas no eran completamente nuevas y, Copérnico, cultivado humanista y conocedor de la ciencia antigua, estaba perfectamente al tanto de las teorías de sus antiguos predecesores. Es más, también algunos de los sabios más destacados de la Alta Edad Media aceptaban la idea del movimiento de la Tierra. Sin embargo, esta idea no llegó a transformarse en teoría; se rechazaba como incompatible con los resultados de la experiencia corriente y las exigencias del buen sentido. Persistía así como concepto esencial la teoría de Tolomeo, quien consideraba la Tierra como el centro inmóvil del mundo. La revolución copernicana (como se denominó más tarde la iniciativa y la obra de Copérnico) consistía en vencer el concepto respaldado por el enorme prestigio de la ciencia secular, en recoger la antigua idea del sistema heliocéntrico y en crear bases científicas completas y exactas a esta teoría, con el mayor acierto posible dentro de los límites de los conocimientos contemporáneos (...). Al aceptar el triple movimiento de la Tierra y colocarla en el rango de los planetas, cuerpos celestes móviles, Copérnico construyó un nuevo modelo del mundo, el heliocéntrico, y creó los fundamentos para una nueva versión del universo."

Pintura de Alexander Lesser (1814-1834) en la que representa a Copérnico recibiendo el primer ejemplar de "De revolutionibus". Hemos de verla como una idealización romántica.

Con sus observaciones e investigaciones Copérnico aclaró tres clases de fenómenos astronómicos, para lo cual era necesario el reconocimiento del triple movimiento de la Tierra: la rotación alrededor de su eje para explicar los fenómenos del día y de la noche, la rotación anual alrededor del Sol y el lento movimiento del eje terrestre para explicar los fenómenos de precesión.

Un nuevo concepto del mundo

Sin embargo, no termina aquí la trascendencia de la teoría copernicana. Pues aunque su teoría heliocéntrica se refería de modo directo y casi exclusivo a la estructura del sistema solar, sus consecuencias indirectas terminaron por abarcar la totalidad del universo, dando comienzo a una concepción decisiva del mundo. Liberó el pensamiento humano, encadenado hasta su época por convencionalismos tradicionales, y se negó a basar la ciencia únicamente sobre la experiencia de los sentidos.

Al enfrentarse con el mundo de entonces, la Iglesia y las Sagradas Escrituras, con los conceptos establecidos y respaldarlos por los conocimientos y enseñanzas de los sabios desde hacía muchos siglos, Copérnico inculcó a los hombres el valor de pensar por sí mismos, a la vez que la humildad en el esclarecimiento de la verdad. Gracias a sus enseñanzas, que lo son también sobre el hombre y el lugar que ocupa en la Tierra, éste ha podido ya comenzar a explorar el universo entero y ha puesto sus plantas en el suelo de nuestro satélite y mandado ingenios espaciales a otros planetas, así como sondas que navegan por entre las galaxias.

El famoso poeta y pensador alemán Johnn Wolfgang Goethe escribió:

"Entre todos los descubrimientos y criterios publicados, no hay nada que haya impresionado tanto a la mente humana como la teoría de Copérnico. Apenas fue reconocido nuestro mundo como redondo y encerrado en sí mismo, cuando ya tuvo que renunciar al enorme privilegio de ser el centro del universo. Quizá jamás se hubiera retado a la humanidad con más osadía, pues cuántas convicciones con tal motivo se desvanecieron como el humo o la niebla; el segundo paraíso, el mundo de la inocencia, poesía y devoción, el testimonio de los sentidos, las verdades de una fe poético-religiosa. No es extraño, pues, que la humanidad se resistiera a renunciar a todo ello y que tratara por todos los medios a su alcance de rechazar una ciencia que autorizaba a sus seguidores a tener una libertad de visión y audacia de opiniones, desconocidas e insospechadas hasta entonces."

La vigilancia de la Inquisición fue la verdadera razón de negarse Copérnico durante tanto tiempo a revelar su obra. Ésta permaneció oculta, como él mismo apuntaba, *no sólo nueve años, sino cuatro veces nueve*. La razón de tan prolongada vacilación no podía ser otra que el temor a verse condenado él mismo junto con su obra.

Volvamos con Retico

Recordemos que en 1542 cuando Retico se encontraba en Nuremberg, revisando la edición de "De Revolutionibus", debió ausentarse. Lo hizo al haber sido nombrado profesor de la Universidad de Lepzig. No tomó esta decisión porque le importase el cargo, más bien lo hizo por imposición de Melanchton, su protector y amigo íntimo de Lutero.

Algunos historiadores hablan de que Retico era homosexual, y en vista de que Nuremberg comenzaba a ser muy peligrosa para él, ya que se le iba a acusar de "conducta nefanda", prefirió cambiar de aires. Lo que nadie niega es la importancia de este joven intelectual para que la gran obra de Copérnico fuese publicada.

Cuando llegó a Frombork, Tiedemann Giese acababa de ser nombrado obispo, por lo que debió irse a vivir muy lejos del viejo astrónomo. Con la presencia de un admirador tan fervoroso, encontró aquél al mejor sustituto. Además, contó con el ánimo suficiente para convencerse de que debía ir a visitar a Giese. De esta manera los tres científicos pudieron mantener unas apasionadas conversaciones sobre astronomía.

Mientras tanto, Retico no dejaba de estudiar el manuscrito de la gran obra, recreándose con las ideas de su maestro. Se había propuesto convencerle para que la publicase. La empresa resultó muy difícil. Y si lo logró fue con la ayuda de Giese. Más tarde, Retico escribiría sobre aquellas prolongadas discusiones del trío en el castillo de Loebau y de la resistencia que oponía el obstinado canónigo de Frombork. Sólo cedió paso a paso e imponiendo sus condiciones.

Por último, cuajó todo en la publicación de la "Narratio Prima": un extracto de las ideas fundamentales de la doctrina copernicana. Retico la condimentó con el juvenil entusiasmo del más devoto de los discípulos. Podemos verlo como la epístola de un joven matemático, entusiasmado en demasía con la novedad astronómica.

La traición del discípulo

Retico trabajó intensamente preparando la obra de Copérnico para la publicación. La revisó minuciosamente, y hasta realizó varias copias manuscritas. Sus conocimientos matemáticos le fueron de gran ayuda, ya que le permitieron rectificar y aclarar de una manera estimable algunos cálculos del maestro. Pero hay una realidad por encima de todo: sin su presencia en Frombork, sin su entusiasmo contagioso, jamás se hubiera editado la gran obra de Copérnico.

Lo peor llegó cuando debió marcharse de Nuremberg, porque al confiar al teólogo Osiander el cuidado de los últimos procesos de impresión terminó por olvidarse del tema. Se tiene idea de que había escrito una biografía de su maestro, lo mismo que otra obra sobre el heliocentrismo. Pero nunca las publicó. Le preocupaban otras cosas. Su conducta fue una deserción o, seamos más duros, una traición. Es posible que si él hubiera seguido "a pie de máquina", "De Revolutionibus" jamás hubiese sido adulterada. Pero ocurrió, lo que le hace también culpable de esta afrenta a su maestro.

Retico sobrevivió a Copérnico más de treinta años. Llevó una vida errante y azarosa. Después de haber enseñado

Museo de la Universidad de Jagelona en Cracovia. Esta sala se halla dedicada totalmente a Nicolás Copérnico.

unos tres años en Leipzig, viajó por Italia. Nadie sabe lo que buscaba en este país. Se cree que estudió medicina. De regreso a Alemania, publicó algunas obras astronómicas y trigonométricas. En el prefacio de una de ellas se refiere vagamente a Copérnico. Recuerda que supervisó la publicación de su obra, insistiendo en que "nada podía alterarse de la misma".

Esto nos permite suponer que el libro de Copérnico contenía algunos errores de cálculo y los entendidos le pedían a Retico que los corrigiera. Pero éste ya nada quería saber de "De Revolutionibus". En otra publicación posterior, llegó al colmo al aconsejar la enseñanza de los "Comentarios", de Proclo, al sistema de Tolomeo.

Retico debió abandonar Leipzig de nuevo en circunstancias dramática. Hace pocos años se descubrió un libro escolar, perteneciente a un tal Kroeger, en el que se localizó unas notas al margen referentes a Retico:

"Retico era un matemático prominente, que vivió y enseñó en Leipzig durante cierto tiempo, pero tuvo que escapar de esta ciudad, alrededor de 1550, a causa de delitos sexuales (sodomía); yo le conocí."

Aquellos tiempos no habían comprendido aún que el ser humano no ama lo que quiere, sino lo que puede. El homosexual de entonces, además de su tortura interior, corría el peligro de terminar solemnemente en la hoguera. Tal vez la entusiasta dedicación de Retico a la herencia copernicana habría sido para él la gran evasión de su vida atormentada. Pero, desgraciadamente, al verse desheredado por su maestro, ya que no le citó en su carta al Papa Pablo III, le frustró definitivamente.

En su posterior vida errabunda ejerció la medicina y se consagró más a la astrología y a la "ciencia horoscópica" que a la astronomía. Sus últimos años los pasó en Hungría, al pie de los montes de Tatra, donde le protegían algunos nobles magiares. Allí murió a la edad de 62 años.

El joven Valentine Otho, de Wittenberg, compartió con él, como discípulo, el exilio húngaro. Veinte años después publicó las obras de Rético con el título: "Opus Palatinum de Trángulis". Otho cuenta en el prefacio que se entusiasmó con Retico sin conocerle, leyendo sus escritos copernicanos. Cuando se encontró por primera vez con el anciano en Hungría, se lo dijo. Retico exclamó entonces muy emocionado:

"Vienes a visitarme en la edad que yo mismo tenía cuando fui a visitar a Copérnico. Si yo no lo hubiera visitado, ninguna de sus obras habrían visto la luz."

CAPÍTULO XIII

LAS CONSECUENCIAS DE LA REVOLUCIÓN COPERNICANA

El temible Santo Oficio

Ya hemos dejado expuesto que Copérnico temía que con su libro se enfrentara a la Iglesia más conservadora. Es cierto que contaba con el apoyo de varios cardenales y obispos; sin embargo, estaba viviendo en una época de guerras religiosas. La Reforma de Lutero había dado pie a la Contrarreforma católica. Ya no se iba a aceptar ninguna novedad científica. Para impedirlo se había establecido el Santo Oficio.

Esta institución (a la que se llamó en latín "Inquisitio Haereticae Pravitatis, Sanctum Officium") nació en 1215. Sus primeros enemigos fueron los cátaros y, más tarde, cualquier tipo de herejía. Pero dentro de este término acabó por englobarse infinidad de conductas "perversas", como la blasfemia o el sacrilegio. Pero, ¿quién estimaba lo que era blasfemia y sacrilegio? La ambigüedad dio pie a millares de injusticias, que en muchos casos ocultaban un deseo de ilícito enriquecimiento, revanchismo contra el enemigo debilitado o cualquier otra situación ventajista.

Ya hemos escrito que al principio la Iglesia pareció aceptar las teorías de Copérnico, debido a que eran apoyadas por los dignatarios eclesiásticos más liberales. Además, la gran obra había sido dedicada al Papa. Y en el prólogo escrito por Osiander se planteaba como una hipótesis. Sin embargo, la situación dio un cambio total después del Concilio de Trento, debido a que surgió la lucha contra la Reforma protestante.

Y en la búsqueda "escrupulosa" de comportamientos herejes, alguien se fijó en las ideas de Copérnico.

Las primeras condenas a la gran obra

En 1533 la universidad de Zurich presentó un escrito de condena contra las teorías de Copérnico. A los veinte años la siguió la de Rostock. Y en 1577 se unió la Sorbona de París, y la de Tabingen, en 1582. Esto provocó que el Papa Urbano VIII pronunciase una afirmación categórica:

"¡La teoría de Copérnico ha sido para la Iglesia peor que las enseñanzas de Calvino y Lutero!"

En 1616, la Santa Congregación del Índice promulgó el decreto siguiente:

"Habiendo llegado al conocimiento de esta Congregación que la falsa doctrina de los pitagóricos, completamente contraria a las Sagradas Escrituras sobre el movimiento de la Tierra y la inmovilidad del Sol, que proclama Nicolás Copérnico en "De revolutionibus orbium coelestium" ("Sobre las revoluciones de los cuerpos celestes") y Didak de Stunica en "Job", logró extenderse y ser aceptada por muchos, como lo prueba la carta de cierto padre carmelita titulada: 'Carta del reverendísimo Padre Pablo Antonio Foscariai, carmelita, a cerca de la doctrina de los pitagóricos y de Copérnico sobre el movimiento de la Tierra, la inmovilidad del Sol y el nuevo sistema pitagórico del mundo', escrita en Nápoles y dirigida a Lázaro Scorriggio en 1615, en la que el mencionado padre intenta demostrar que la consabida doctrina sobre la inmovilidad del Sol en el centro del mundo y el movimiento de la Tierra responde a la verdad y es contraria a las Sagradas Escrituras.

Considerando por esta razón que una doctrina de esta índole no debe desarrollarse en perjuicio de la verdad católica, se acuerda como imprescindible suspender las obras que se citan

176

a continuación: 'De revolutionibus orbiun colestium', de Nicolás Copérnico, y los comentarios para 'Job' de Didak de Stunica, hasta que no se corrijan; se acuerda asimismo prohibir y condenar en absoluto los escritos del carmelita padre Pablo Antonio Foscarini, junto con todas las demás obras que enseñan lo mismo, lo que también por el presente decreto queda prohibido, condenado y proscrito.

Copérnico siempre temió que su gran obra fuera considerada una herejía por el temible Santo Oficio.

Y para que así conste a los efectos consiguientes, se emite el presente decreto que lleva la firma de Su Ilustrísima, Cardenal de Santa Cecilia y Obispo de Albano."

Firmó el decreto el secretario de la Congregación, obispo de Albano y Cardenal de Santa Cecilia, P. Magdalena Capiferi de la Orden de Santo Domingo.

En 1620 la Congregación del Índice emitió un segundo decreto, en el que indicaba los párrafos de la obra de Copérnico que debían ser suprimidos y los que había que corregir.

Así la gran obra de Copérnico quedó "encarcelada" en el Índice de Libros Prohibidos, donde permaneció durante siglos enteros condenada a no ser leída por los católicos romanos, si no deseaban ser excomulgados.

Pero la gran obra estaba viva

El profesor Bogdan Suchudolski, en su trabajo titulado "O znaczeniu Kopernika w rozwoju nauk o przyrodzie i czolowieku" ("La significación de Copérnico en el desarrollo de las ciencias sobre la naturaleza y el hombre"), afirma:

"Las persecuciones que sufrieron por parte de la Iglesia la doctrina de Copérnico y sus seguidores, no afectaban en la realidad a las tesis sobre la Tierra y el Sol, sino a las que se referían a los hombres que viven en la Tierra. La Iglesia no se interesaba por la teoría sobre la Tierra, el Sol y las estrellas, sino por las consecuencias que de aquélla podían resultar para los mismos hombres y su relación con el universo."

Durante aquellos años ya se habían publicado tres ediciones de "De revolutionibus". Sin embargo, después de la aparición de los decretos de la Congregación del Índice, se debió aceptar "la regla de que el sistema llamado copernicano podía ser explicado como hipótesis, pero no defendido como tesis".

Únicamente en 1820, por decisión del Papa Pío VII, la obra de Copérnico fue retirada del Índice y su estudio dejó de amenazar a sus lectores con consecuencias nefastas en la vida terrenal y en la de ultratumba.

Las pruebas dejadas por Galileo

A pesar de que las ediciones de la gran obra de Copérnico fueron pocas, la segunda salió en Basilea en 1566 y la tercera en Amsterdam en 1617. Su influencia fue decisiva para el porvenir de la astronomía. Se consolidó por quienes luego se preocuparon por esta clase de estudios.

Figura en uno de los primeros lugares el italiano Galileo Galilei, nacido en Pisa en 1564, de familia noble, quien se consagró en su juventud al estudio de las ciencias exactas. Entre sus descubrimientos figura el telescopio astronómico, aprovechándose del invento de las lentes por los holandeses Janssen y Lippersheym transformando sus aparatos, simples objetos de curiosidad, en verdaderos instrumentos de observación celeste, y acertó a construir una lente de un aumento lineal de trescientas veces, es decir, que hizo ver las superficie de los cuerpos celestes novecientas veces más grandes que a simple ojo.

Gracias a este telescopio, que permitió explorar el cielo, todas las objeciones que se habían hecho contra el sistema de Copérnico fueron cayendo sucesivamente.

"Venus no tiene fases", argumentaban algunos. Por una simple observación con el telescopio se comprobó que existían, sólo que no se podían apreciar a simple vista.

"La Tierra no puede girar sobre sí misma", decían otros. Galileo pudo descubrir las manchas del sol y constatar la rotación de éste, deduciendo que sería absurdo afirmar que un simple planeta no rota, cuando lo hace el astro central.

"El movimiento de la Luna es muy complejo", afirmaban unos terceros. Galileo comprobó que Júpiter tiene no una, sino cuatro lunas que se mueven de acuerdo con la teoría de Copérnico, y sería absurdo admitir que el satélite único de la

Tierra tuviera un movimiento diferente al de los cuatro satélites de Júpiter.

Galileo descubrió en 1583, al observar la oscilación de una lámpara de la catedral de Pisa, la ley del isocronismo de las oscilaciones del péndulo. Haciendo deslizar cuerpos a lo largo de un plano inclinado, descubrió las leyes de su caída, y dejando caer cuerpos desde diferentes alturas en la torre de Pisa, comprobó que la gravedad es la misma para todos.

Después de haber sufrido persecuciones de la Inquisición y habiendo quedado ciego en sus últimos años, murió cerca de Florencia en 1642. (En esta misma colección se ha publicado una biografía de Galileo, escrita por Sara Cuadrado.)

Tycho Brahe y Juan Kepler

También contribuyó a demostrar la teoría de Copérnico el astrónomo danés Tycho Brahe, nacido en Escania en 1546 y muerto en Praga en 1601. Fue uno de los mayores observadores que han existido. Realizó todos sus estudios a simple vista, porque no se había inventado el telescopio. Federico II, rey de Dinamarca, le hizo construir el observatorio de Uraniburgo, cerca de Copenhague, donde durante veinte años realizó un número prodigioso de observaciones de estrellas, cometas y especialmente planetas.

Juan Kepler, nacido en Weil (Wurtemberg) en 1571 y fallecido en Ratisbona en 1630, al estudiar estas observaciones que fueron muy precisas, halló que no era posible que siguieran órbitas circulares como lo había anunciado Copérnico. Renunció al círculo y adoptó la elipse, con lo que encontró que, colocando al Sol en uno de los focos, desaparecían todas las dificultades, lo que le permitió establecer las tres leyes que llevan su nombre, que son consideradas como una de las mayores expresiones del genio humano, las cuales pueden resumirse así:

1ª. Todos los planetas describen elipses alrededor del Sol, el cual ocupa uno de los focos.

2ª. Las áreas barridas por el rayo vector que va del Sol a cada planeta durante tiempos iguales son iguales.

3ª. Los cuadrados de los tiempos de las revoluciones siderales son proporcionales a los cubos de los ejes mayores de las elipses que constituyen las órbitas.

Portada de una de las ediciones de "Diálogo sobre los sistemas del mundo", de Galileo. Aparecen representados Aristóteles, Tolomeo y Copérnico.

Isaac Newton puso el colofón

En 1642, el mismo año que murió Galileo, nació Isaac Newton, en Woolsrop (Inglaterra). Mientras analizaba la teoría de Copérnico, con las modificaciones de Kepler, encontró la razón por la cual los astros se mantienen en su movimiento recorriendo las órbitas, en lugar de seguir en línea recta "por la tangente". Pensó que la fuerza que retiene la Luna en su órbita no es otra que la gravedad, y que si la Luna estuviera en la superficie de la Tierra, su peso sería igual al producto de la masa por la aceleración de la gravedad, pero como se encuentra a una distancia de 60 radios terrestres, su peso debe dividirse por el cuadrado de esta distancia.

Como consecuencia, Newton descubrió la naturaleza de la trayectoria de los cometas; las causas de las perturbaciones del movimiento de la Luna; de la precesión de los equinoccios debido a la acción de nuestro satélite sobre el aumento ecuatorial de la Tierra, y fue el primero que explicó la causa de las mareas. También fue quien indicó la verdadera forma de la Tierra, o sea la de una elipsoide revolución que gira alrededor de su eje menor.

Además de estos descubrimientos de orden astronómico, se le debe el cálculo infinitesimal, y en física descompuso la luz blanca dando lugar al espectro solar, y asimismo inventó el telescopio que lleva su nombre. Todos sus trabajos están contenidos en un libro que es un verdadero monumento, titulado "Principes de la philosophie naturelle", que al decir de Lagrange "es la más alta producción del espíritu humano".

Newton murió en 1727 y su tumba se encuentra en la abadía de Westminster, entre los grandes de Inglaterra.

Esta dinastía de genios, que descubrió todos los arcanos del universo y ha permitido al hombre arrancar los secretos del espacio sideral, se inició con Copérnico, quien fue sabio e investigador, humanista y médico, filólogo y economista, pero ante todo matemático y astrónomo. Pese a la heterogeneidad de los asuntos en que se ocupó, miraba siempre al firmamento, pues él mismo decía:

> *¿Puede haber algo más hermoso que el cielo que abarca toda la belleza?*

La importancia de Copérnico

Bogdan Suchodolski escribió un artículo que lleva el nombre de este apartado. Él mismo lo cierra de la manera siguiente:

"... Los escritores del Renacimiento percibían la dialéctica del destino humano precisamente en el hecho de que una existencia solar es el irrealizable anhelo del hombre. En la oscuridad y el frío éste anhela el Sol, pero cuando mira al Sol sus ojos no perciben más que oscuridad, y si pudiera acercarse a él perecería quemado. Pues, como ya lo advirtiera el genial escultor y pintor Miguel Ángel, el hombre no es como el Fénix, que podía perecer al Sol y renacer gracias a él.

Cuando decimos que lo que hizo Copérnico fue más detener el Sol que mover la Tierra, descubrimos el singular destino que la Historia deparó a su teoría. Pues precisamente en la historia de la humanidad su actuación fue la del que derribó a la Tierra de su privilegiada posición y le ordenó, como a uno de los tantos astros, peregrinar por el universo. Toda la discusión giraba en torno de lo que Copérnico había hecho con la Tierra, y no con el Sol.

¿Por qué sucedió así? No sólo debido a que la manera en que Copérnico concebía el Sol era más bien una visión filosófica y poética incluida en un discurso de precisas consideraciones matemáticas. Seguramente también por el hecho de que esta concepción daba por sentada la existencia de un mundo cerrado, sobre el cual había de reinar precisamente el Sol. Y esta concepción, influida por tradiciones de la antigüedad y del Medievo, no se sostuvo durante mucho tiempo.

183

Pocas veces existió en la Historia un conflicto tan profundo entre la grandeza del hombre y de su obra, y el significado histórico de lo que logró, como en el caso de Copérnico. A lo largo de varios siglos —y aún hoy día— éste fue para el común de la gente aquel que había movido la Tierra, y por esta razón algunos le combatían y otros le veneraban. Pero él mismo estaba convencido de que el sistema que había creado detenía al Sol para convertirlo en centro del universo. Esta idea no sobrevivió mucho tiempo a Copérnico, pues —trágica paradoja de la Historia— sus adeptos, al seguir sus razonamientos, llegaron, como Giordano Bruno, a la conclusión de que el mundo es infinito. En este mundo infinito, el Sol cesaba de ser fuente de vida y todo se diluía en las inmensidades del espacio cósmico.

Precisamente por esto, el desarrollo posterior de la idea copernicana del movimiento terrestre estuvo más vinculado al concepto de infinitud del mundo que a la visión de un Sol inmóvil colocado en su centro.

Más de cuatro siglos nos separan de los tiempos en que el astrónomo polaco, desde su torre de Frombork, observara el cielo lleno de estrellas y misterios. Los instrumentos de que disponía eran primitivos; las autoridades y la tradición empeñaban el cuadro del universo. La verdad que descubría en estas difíciles condiciones despertaba temor e inquietud. Era, como él lo reconocía, 'difícil y casi imposible de creer, por oponerse a las opiniones generalmente aceptadas'.

Cuán lejos hemos penetrado hoy, en la época de magníficos telescopios y vuelos cósmicos, en este universo infinito y misterioso; qué profundos cambios ha sufrido la vida social de los hombres; cuán intensa y cotidiana se ha vuelto la búsqueda de la 'Ciudad del Sol', aquí, en la Tierra.

Y aunque la profundidad de estos cambios es tan grande y tanto nos separa del hombre que movió la Tierra, nos seguimos preguntando con inquietud y esperanza, como entonces, ¿cuál es el verdadero Sol de la vida humana? Y continuamos sin saber si el hombre es un ser nacido al calor del Sol, y encaminado hacia él, o si su reino son el frío y las tinieblas de la noche en que no vemos sino las estrellas."

A manera de un "continuará"

A finales del siglo XVI se iniciaron las investigaciones sobre la vida y la producción de Copérnico. Hoy la bibliografía referente a este tema comprende varios miles de títulos y continúa

Monumento a Nicolás Copérnico que se encuentra en Torun, su ciudad natal.

siendo ampliada y multiplicada. La figura de Copérnico sigue fascinando a los científicos e investigadores de distintas ramas de la ciencia. Atrae también a los poetas y pintores, dramaturgos y escultores. Es la figura de un hombre, a cuya grandeza nadie puede resistirse, y de quien dijo Giordano Bruno que "puso en movimiento no sólo la Tierra, sino también las mentes humanas".

Nicolás Copérnico, sabio e investigador, humanista y médico, filólogo y economista, astrónomo y matemático en su laboriosa vida de numerosos asuntos. Con los ojos fijos en el firmamento estrellado transformó el orden del mundo en que le correspondió vivir, y al nuestro le abrió el camino de las estrellas.

Ruta que usted puede seguir. Porque nuestra intención al escribir esta biografía ha sido, sobre todo, presentarle a un iniciado, para despertar su curiosidad por él mismo. Si desea profundizar en el tema le ofrecemos un amplia Bibliografía en la página siguiente.

BIBLIOGRAFÍA

Adamczewski, Jan: Nicolás *Copérnico y su época*

Anabitarte Rivas, Héctor y Lorenzo Sanz, Ricardo: *Grandes personajes: Nicolás Copérnico*

Banville, John: *Copérnico*

Burk, Ignacio: *Copérnico*

Bassols Batalla, Ángel: *Una revolución en la ciencia: Copérnico*

Bateman, Alfredo D.: *Copérnico*

Bionkwska, Bárbara: *Nicolás Copérnico*

Bionkwska, Bárbara: *Controversia en torno del heliocentrismo en Europa*

Birkenmajer, Aleksander: *Un astrónomo entre dos épocas*

Copérnico, Nicolás: *Sobre las revoluciones de los orbes celestes*

Dobrzycky, Jerzy: *Nicolás Copérnico, su vida y su obra*

Fernández Álvarez, Manuel: *Copérnico y su huella en la Salamanca del barroco*

Herbst, Stanislaw: *Copérnico, su tierra y el medio en que vivió*

Hoyle, Fred: *De Stonehenge a la cosmología contemporánea: Nicolás Copérnico*

Infeld, Leopold: *De Copérnico a Einstein*

Kuhn, Thomas S.: *La revolución copernicana*

Lipinski, Edward: *Copérnico como economista*

Losada y Puga, Cristóbal de: *Copérnico*

Rouzé, Michel: *Copérnico y la conquista del cosmos*

Russell, Colin A.: *Copérnico*

Silva, G.: *Copérnico*

Suchodolski, Bogdan: *La importancia de Copérnico para el el desarrollo de las ciencias naturales*

Szperkowicz, Jerzy: *Nicolás Copérnico*

Voise, Waldemar: *Nicolás Copérnico, gran sabio del*

Renacimiento

Zonn, Wlodzimierz: *Nicolás Copérnico, creador de una nueva astronomía*

Alianza Editorial: *Nicolás Copérnico, Thomas Digges, Galileo Galilei (Opúsculos sobre el movimiento de la Tierra)*

Ediciones Urbión, S.A.: *Copérnico*

Planeta-De Agostini: *Nicolás Copérnico*

ÍNDICE